首都圏で資産を築く！王道の不動産投資

株式会社コン・パス　代表取締役社長
公認不動産コンサルティングマスター
村上俊介
Shunsuke Murakami

はじめに

▼不動産投資は9割が失敗？

昨今巷にあふれている「不動産投資は誰でも簡単に儲かる」という言葉は嘘です。全力で否定します。それを鵜呑みにしてここ数年で不動産投資を始めた人たちの大半は失敗しています。実際のところ9割以上の人が期待したほど利益を得られていないのではないでしょうか。

これを聞いて多くの人が「そんなはずはない」「私は成功している」「知人でセミリタイアした人がいる」「ネットでもみんな『儲かっている』と言っている……」と思うことは重々承知しております。

しかし、それは間違いです。というよりも、失敗していることに誰も気がついていないのかもしれません。

結論から申し上げますと、私がこれまで多数の案件を分析してきた結果、ほぼすべての不動産投資において「おいしい」のは前半だけと言えます。時間が経つとともにその収益は下がり、多くのケースで支出が収入を上回るときが訪れます。

そのときにローンの残債が市場価格よりも多いとどうなるか……。

単純に考えても、家賃は年数と共に下がり、修繕などの経費が上がるため収入は減ります。そして、減価償却と元金返済が逆転するいわゆるデットクロスが起きます。デットクロスとは、ローン返済のうち元金部分が増え、減価償却の節税効果を打ち消してしまうことです。その結果、返済金額は変わらないのに税金は増える、最終的には、キャッシュフローより税金の方が高くなり黒字倒産を起こすという、根本的な仕組みに気づいていない人がいかに多いことか。

また、不動産投資は事業であるのにもかかわらず、金融商品と同じような単なる投資として考え、「お客様」感覚が抜けない人が多いのも問題です。

▼投資ブームで続出する破産予備軍

しかし、見落としがちなポイントをしっかり押さえることさえすれば、うまくいく可能性が高いのも不動産投資です。私は不動産が大好きですし、投資に関しても負けたことはありません。私の友人や知人、お客様でもうまくいっている方は大勢いらっしゃいますし、不動産投資を勧める立場でもあります。

ただ、昨今の状況はあまりにもひどすぎます。

いいように業者に利益を食われ、素人投資家がカモにされています。

とりわけ一部の不動産投資塾を通じた物件販売のやり方はひどいものです。自身の少ない成功体験をオーバーに見せ、セミナーなどであおり、販売会社と提携してバックで利益を取る……、参加者に物件を購入させることに終始し、投資が成功するかどうかなど、二の次、三の次です。それでも利益が出れば良いのですが、最近の市況ではまず無理でしょう。

そして、不動産投資ブームが始まり4～5年経った今、まさにデットクロスを迎えようとしている人が増え始めています。また、それ以前に郊外の物件を高値で購入してしまい、空室が埋まらずローンの返済に苦しんでいる人も続出しています。

なぜ、この人たちは今のような状況に追い込まれてしまったのか。

不動産投資によって窮地に立たされている人たちの相談を受けると、かつて債務整理の仕事で関わった住宅ローン破産者の人たちの状況とかぶってしまいます。

要因は複数あるのですが、共通しているのは「他人任せ」ということ。切羽詰まった状況に陥ってなお、当事者意識が低いのです。

不動産投資は事業です。物件を探し、事業計画を立て、銀行に融資を依頼し、所有者として物件を貸す。事故や不具合に対応して、家賃収入を得、会計処理をして、税金を納める。どう見ても不動産業者とやっていることは同じですよね。

それにもかかわらず、行き当たりばったりで思考を停止させ、他人の言うことを鵜呑みにしてしまう人が多いのです。その結果、自分が失敗していることにぎりぎりまで気づかず、また、失敗しても誰かが助けてくれる、何とかなるだろうと考えてしまいます。

しかし、銀行はそんなに甘くありません。きっちり回収に来ます。そして破産へと追い込まれるのです。

▼業者にカモにされる無防備な投資家を救いたい

こうした不動産業界の裏側や借金の怖さをつぶさに見てきたプロとして、投資家のみなさんにはそうなって欲しくはないのです。不動産投資を行えるということは、良い大学を出て、良い会社へ就職し、良い給与を貰っている、真面目にコツコツ頑張ってきた人たちです。だからこそ無防備な人が多いのも事実です。不動産業界は昔からあまり良く見られない業界ですが、本当にその通りだと思います。そういった無防備な人に売りつけることで成り立っているとも言えます。

そんな人たちが間違った知識をもとに、いい加減な業者から粗悪な物件を高額で売りつけられ、破産へと追い込まれる姿を見たくないのです。

最近は、私どもが警鐘を鳴らしているようなことに気づき、不安を抱えながら面談に来る人たちも多くいますが、中には完全に手遅れの人もいます。しかし、そういった人のほとんどは自分が深刻な状況になっていることに気づいていません。我々が詳細なシミュレーションを提出した後、その人が奥様やお子さんがいる家に帰り、この状況を話せるのか、奥さんの反対を押し切り、意気揚々とチャレンジした結果を何と説明するのか、その心中を察すると胸が苦しくなります。

同時にこのような状況に追い込んだ、この業界への怒りも激しく湧いてきます。真面目に生きてきた人たちが、目先の利益に目がくらんだ業者や、それらと結託して味方のようにふるまっている自称コンサルタントに食い物にされている現状が許せないのです。

しかし、業者も生きていくために必死です。悪意を持って意図的に投資家を陥れていると いう業者はあまりいないでしょう。何よりも最悪なのが、業者や自称コンサルタントの人たちの知識があまりにも不足しており、物件の良し悪しや根本的な投資理論がわかっておらず、悪気がなくこの状況を招いているケースも多いということです。

この本を読み終えたら一定の知識を得られるはずなので、デットクロスや税金のことを知り合いの業者やコンサルタントに聞いてみてください。おそらくまともな答えは返ってこないはずです。

そのような状況を見るに堪えかね、そして今まさに窮地へと追い込まれようとしている人たちを救いたいという思いから、今回書籍を執筆する機会をいただくこととなりました。私が本書を執筆するに至った経緯を、自己紹介を交えながら少しお話しできればと思います。

▼実は私も「売りっぱなしの不動産業者」でした

私は大学を卒業後、不動産業界一筋を歩んできました。

最初に勤めたのは中堅のデベロッパーで、マンション開発や戸建ての分譲、ファンド事業などを行っていましたが、その途中でリーマン・ショックの波を真正面から受けます。

多くの同業者や仲間が倒産、破産しました。ファンドに勤めているような優秀な人間も次々に失業していきました。そして私がいた会社も当然ダメージを受けました。とてもつらい時期でした。完全にお金の流れが止まったのです。今では信じられませんが、東京で10％のビルやマンションも多く見られました。しかし、銀行が頑なに融資をしないのです。銀行がお金を貸さないので、当然物件は動きません。仕事がないのです。喫茶店に行けば誰かしらの知人（不動産業者）がいる状況でした。

そして、私は時代の波に乗り、それらの債務を整理する会社へ転職し、不動産における不良債権の処理をおこなっていました。決して楽しい仕事ではありませんでしたが、債務整理の仕事には社会的な意義を強く感じていました。債務者側に立ち、弁護士や司法書士と共に債権者と戦う立場であったからです。

　しかし、破産に追い込まれた人たちは、お察しの通り、精神を病んでいる人が大勢いました。テレビでしか見られないようなゴミ屋敷を訪問し、気を病んでしまった家族に靴を投げられ、年末にはお金を貸してくれとねだられ、中には自殺をしてしまう人もいました。

　こうして私は会社員時代に物件の良し悪しの判断能力を鍛え、投資戦略や税金、金融知識を身につけてきました。そして知識がつけばつくほど、不動産を売ることになんとも言えない罪悪感が生じてくるのです。会社員なので会社の商品＝物件をどんどん売らなければなりません。私は不動産の知識や経験も豊富なので次々に売れますし、お客様も喜んでくれました。しかし、不動産業者は物件を売ればそこで仕事は終了なのです。はたしてお客様はうまく運用できるであろうか……。もちろん投資は自己責任であり、そこからはお客様自身が運営していかなくてはならないのですが、その難しさやリスクを理解していない場合が多いのです。何人かの真面目で心ある同僚も、私と同じく心配していました。当然お客様から相談が来れば対応しますが、そこから利益は生まれません。私の仕事は次々に販売をすることなのです。助けたくてもそれは仕事ではないので助けられないのです。

　そういったジレンマから脱するため、私は独立して今のスタイルでお客様の資産形成をコンサルティングすることにしました。

▼関わる人を全員成功させる、がモットーです

私から物件を買っていただいたお客様は、最後まで私が面倒を見る、絶対に負けさせない、と固く心に決めています。実際に独立後私から物件を購入していただいたお客様は全員勝っています。購入後の運営から税金対策、売却までを一貫して私が行うことで、お客様を全員勝たせることができたのです。罪悪感を持たず、胸を張って、自信をもって仕事ができるようになりました。しかし、ここで問題が生じました。

私と同様のコンサルができる人がいないのです。社員を増やせば他業者と同様、売りっぱなしの営業マンが増え、会社のため、給与のため、ただただ販売を繰り返す会社になってしまいます。もちろん今現在も少人数ではありますが、人材の育成は行っています。ただし、とても時間がかかります。私は私のお客様で手一杯なのです。これ以上お客様を増やせば、既存のお客様へのコンサルの質が落ちることがわかるため、それはできないのです。

かたや、相談に来られる人たちは増え続け、対応も限界を迎えつつあります。多数の投資

家のみなさまを支援するには広く情報を発信するべきだという思いに至りました。
本書では、私が今までに培ってきた知識を惜しみなくすべてお伝えしております。なぜ不動産投資で失敗するのか、勝つためにはどういった戦略が良いのか、実行するには具体的にはどうするのか。これから不動産投資を始めようとしている人、買ってはみたが次に何をしたらよいかわからない人、自分が成功しているのか失敗しているのかわからない人、実際に失敗してしまいその解決法を求めている人、みなさまにとって有意義な内容となっています。

不動産投資は正しい知識をもとに、正しく行動できればそのリスクを格段に下げることができる安定した事業です。たとえ失敗したとしても、知識があれば軌道修正もできるのです。本書を読んで身につけた知識、それを実践に移すことにより得られるスキルは一生役に立つはずです。本書により真に勝てる投資家になっていただき、明るい未来を歩んでいただけることを心から願っております。

２０１６年11月吉日

株式会社コン・パス　代表取締役　村上俊介

目次

第2部 戦略編／売買と賃貸のハイブリッドで純資産を拡大しろ！

第3章 不動産業界の利益構造を知る

第4章 賃貸の収益計算と経営指標の使い方

第5章 ゼロから専業レベルへの理想的な拡大シナリオ

第6章 専業大家を目指すなら「財務3表」を学べ

第3部 戦術編／業者の実務スキルで収益最大化！

第7章 銀行融資を引き続ける技術

編集協力　山中勇樹／装丁デザイン　中西啓一（panix）／本文デザイン　飯富杏奈（Dogs Inc.）／本文ＤＴＰ・図表制作　横内俊彦

PART 1

第1部

マインドセット編

本気で稼ぎたいなら
セミプロを目指せ！

第1章

露見する
地方RCフルローンの盲点

01 年収800万円でも破産？ シロウト投資家の哀れな末路

▼年収30倍超の「多額の借金」

あるシロウト投資家の方の話です。ここではAさんとしておきましょう。一部上場企業にお勤めのエンジニアで、年齢は40歳。会社ではそれなりの地位についていて、年収は800万円ほど。奥さんは専業主婦でお子さんも2人います。家族3人を養いながらコツコツ貯めた貯金は500万円ほどでした。

40歳、年収800万円。結婚していて家族も子どももいる。一見、なんの問題もなさそうです。むしろ幸せな人生を歩んでいるように思えます。

しかし、残念ながらこのAさんは不動産投資を始めた結果、3年もたたないうちにローンの返済ができなくなり、破産という結末を迎えることになってしまいました。冒頭から恐怖を煽るようなお話で恐縮ですが、決して他人事と思わずにお読みいただければと思います。

Aさんが不動産投資を始めたきっかけは、「会社を辞めて、もっと楽して稼げることをやりたい」と漠然と思い始めたことでした。そして、インターネットでいろいろ情報を探しているうちに、ある自称不動産投資コンサルタントが主催しているセミナーの広告が目に留まったのです。

「老後貧乏になりたくなければ年金代わりに不動産！」
「働かずに大家さん業で生活していく！」
「サラリーマンはもう卒業！　人生を楽しもう！」

不動産投資の魅力と必要性を強調した広告を見てアーリーリタイアにあこがれていたAさんは迷わずセミナーに参加しました。そして、ついに不動産投資を始めたのです。

しかし、このセミナーへの参加がAさんの運命を狂わせました。投資の本質や成功するために必要な知識を学ぶ場ではなく、「勉強しすぎると買えなくなる！　まずは我々から言われるがままに物件を買いなさい」という方針のセミナーだったのです。コンサルタントが紹介する不動産業者がセミナー参加者のために特別に用意したということで、早速いくつかの物件が紹介されました。業者から見せられた事業収支のプランは、それはもう魅力的だったそうです。先輩投資家の成功事例も紹介され、他のセミナー参加者も買う気満々です。そして、Aさんは何の疑いも持たずにそのプランを信じてしまいました。

Aさんは結局、コンサルタントが紹介した不動産業者から3棟の物件を購入しました。年収800万円で3棟もの物件を購入するなど、普通では考えられません。もちろん、セミナーを主催しているコンサルタントは、不動産業者である売り主からマージンを得ていることは言うまでもありません。

そして購入した物件はすべて地方のものでした。3棟合計で2億5000万円です。年収800万円、貯金500万円の人が、なんと2億5000万円もの借金を抱えてしまったのです。「そんなに借りられるものなの?」と思う方もいるかと思いますが、貸す銀行が存在すること、そして不動産業者に融資を引き出すテクニックがあるというのが実情です。しかし、これもまたAさんにとっては不幸なことでした。

▼物件購入後半年ですでにマイナスキャッシュフロー

それでは、Ａさんが購入した物件について、その概要を見ていきましょう。

１つ目は地方の住宅街、木造築23年で年間の利回りが８％台です。そもそも耐用年数をオーバーしている物件です。不動産の根本は減価償却と税金なので、「減価償却が４年で終わる＝４年後からものすごく赤字になる」ということをわからないで買ってしまっています。少なくとも初めての人が買う物件ではありません。

２つ目の物件は郊外で、鉄骨の築28年のものでした。年間の利回りは８・５％です。こちらも間もなく減価償却が終わります。購入金額を見ても、地元の地主さんや不動産会社の目線が利回り15％ですから、相場の２倍ほどで購入してしまったことになります。

３つ目の物件は、ＲＣ造の築26年のものでした。年間の利回りは10％ほどなので、それほど悪い物件ではないように思えます。しかし、すでに４部屋の空きが出ている状況であることに加えて、そのうちの１部屋がいわゆる〝事故物件〟であることが判明したのです。事故物件とは、前の住人が何らかの理由によって死亡した経歴のある物件のことです。しかも事故死ではなく殺人でした。そのため、余計に部屋が埋まらないのです。

Aさんの場合、物件の購入から半年ほど経過した段階で、すでにキャッシュフローがローン返済額を下回る状況になっていました。物件を売却するにしても、当初の価格からおよそ半額ほどになってしまいます。1億5000万円で売却したとしても、残る1億円のローンを返済できる状況ではありません。

▼破産以外に手立てなし

「これらの物件、これからどうやって運営していくつもりですか?」

進退窮《きわ》まって私のところへ相談に来たAさんに私は尋ねました。

Aさんも投資を始めてからしばらくして、心のどこかで「大丈夫かな」「もしかしたら、ヤバイんじゃないか」という不安を抱き、不動産投資を始めるきっかけになったセミナーを運営しているコンサルタントに相談したそうです。しかし、そのコンサルタントからは、「まずは満室にする」「キャッシュフローが出る物件を買い続ければ大丈夫」と言われたそうです。

一見もっともな話で、確かに満室にすれば当面のキャッシュフローはプラスになります。ですが、すでに多額のローンを抱えているAさんは新しい物件を買うことができない状況でした。

何よりも問題なのはデットクロスです。デットクロスとは、元々は税金面で有利な「減価償却」と反対に不利な「元金返済」が逆転することを指していたようですが、ひどい状況になると税引前のキャッシュフローよりも所得税の納税額が大きくなり、最終的にはキャッシュフローがマイナスになります。初めて聞く方には違和感があるかもしれませんが、何度シミュレーションしてもそうなるので仕方がありません。

通常、物件のデットクロスが訪れるタイミングは、10~20年とかなり先の話です。しかし、Aさんの場合は築古の中古物件をオーバーローンで購入しているので、デットクロスは4~5年で訪れます。家賃収入から銀行返済や経費を支払って残ったお金では税金を払いきれず、本業の収入や預貯金から税金を払うということになります。そうなると、もう運用どころではありません。デットクロスが来る3年以内に赤字でも売却して、損失を少しでも抑えるのが先決なのです。

私たちも、破産以外、Aさんを助ける手立てを考えることはできませんでした。なぜなら、

Aさんが抱えている債務があまりにも大きすぎたからです。

▼ごく一部の成功者

Aさんの事例は、業者から勧められるがままに収益性の悪い地方物件やいわゆる〝事故物件〟を過大なローンを組んで買ってしまったことが原因でした。このような人が今後は続出すると思います。

しかし、その一方で、不動産投資で成功している人もいるのです。実際、物件を購入した段階で含み益が5000～6000万円ほど出ている人もいました。仮にBさんとしておきましょう。

Bさんは外資系証券会社のファンドマネジャーをしています。いわば投資の専門家です。年齢は38歳。年収は2000万円ほどです。

証券業界に身を置くBさんは、不動産投資の知識やスキルをもともと持っていたわけではありません。しかし、ファンドマネジャーとして働いてきた肌感覚から、「不動産投資はビジネスである」ということをすでに認識していました。そのため、Aさんのように、初期の段階から大きな失敗をするようなことはありませんでした。

コスト感覚、リスク管理、そして税金に関する知識もありました。買う場所を人気エリアに絞り込んで、あとはどの物件を買って何をすれば儲かるのか、最終的にどれくらいの金額で売却できるかの相場観を理解していました。大切なのは相場よりも安く買うことです。Bさんのように、不動産投資の初心者であっても、投資に対する感覚さえあれば稼ぐことは可能なのです。

さらにBさんは、自分で綿密な計画を立てて物件を購入したのにも関わらず、私のところへ相談に来ました。相談内容は「こういう物件を買ったのですけど、プロから見て実際どう思いますか」というものでした。

話を聞いた私はこう答えました。

「間違いありません。絶対に勝てます」

するとBさんは、「やっぱりそうですか」と誇らしげに答えたのです。

AさんとBさんの運命を分けたのは何だったのでしょうか。

Bさんは、誰かに教わったのではなく、自分で勉強し、調べて不動産投資に取り組んでいました。人の言うことを盲信するのではなく、納得できるまでしっかりと勉強していました。

それが結果的に、優良物件をつかむポイントとなったのです。

Bさんは土地を購入し、そこに安く鉄骨のアパートを建築していました。土地も安く購入しており、業者ともしっかりと交渉しているので、ちゃんと利益が出るようになっていたのです。しかもそのうえで、私たち不動産投資のプロに意見を聞きに来ました。このぐらいでなければ、不動産投資で勝つことはできません。一方で、Aさんは自分では大して勉強をしないで、業者やコンサルタントから勧められるままでした。

自分で調べ、学び、不動産投資の原則である「安く買って、良く回し、高く売る」を愚直に行うこと。それが、不動産投資で勝つための秘訣なのです。本書はこれを大原則としてお話を進めさせていただきます。

\ POINT /

- 不動産投資で失敗する人の多くは、儲かるはずのない、「地方RC・フルローン」を買ってしまっている。
- 成功者と失敗者を分けるのは、業者の言いなりではなく、自分で勉強するかどうかである。

02 不動産投資、初心者の心得

▼業者の言葉を鵜呑みにするな！

念のため強調しておきたいのですが、世の中の多くの不動産業者もコンサルタントも、もちろん銀行も、あなたを騙そうとしているわけではありません。彼らは普通に商売しているだけなのです。

問題なのは、シロウト投資家だけを狙っている一部の悪質業者と、そのような業者にあっさり騙されてしまうシロウト投資家の方なのです。間違った投資をしたあとに、「業者が悪い」「銀行が悪い」「税理士が悪い」などと言っても、あとの祭りです。

今、巷ではさまざまな種類の不動産投資本が売られています。それらの本に書かれていることは、もちろん正しい場合もありますが、鵜呑みにしてはいけないと思います。同様に、業者が言う言葉をそのまま信じて物件を購入してしまうなど、言語道断です。

「地方の物件を買いましょう」と言われ、田舎のど真ん中に100戸もある物件を都市部と同じような金額で購入しても、採算などとれるはずがありません。なぜなら、業者から提示されているデータはあくまでも部屋が100%稼働した場合の数値だからです。残念ながら、現実には地方で物件が100%稼働することなど、ほとんどありません。

投資とは、あくまでもビジネスなのです。考えてもみてください。1億円単位の借金をして、物件を取得し、管理し、最終的に売り抜ける。これが商売でなくてなんだと言うのでしょうか。そういった認識がないと、Aさんのような大変な目に遭ってしまう可能性があります。

しかも、私が懸念しているのは、Aさんのような破たん事例が現実に出はじめているということです。追加でお金を借りることができないので、戦略の立て直しも効きません。返済が滞ったとき、一気に崩れ落ちていきます。毎月の家賃が入っている間はまだしも、その後に待っているのは破産という選択肢のみです。

ただし、経営が苦しくなってきたとしても、簡単に投げ出したり自暴自棄にはならないでください。状況によっては銀行がリスケしてくれる可能性も残されています。しかし、すべてを放棄して逃げてしまえば、物件は競売にかけられ、借金だけが残ります。

そもそも不動産投資は、基本的な事項を押さえて堅実に行えば、かなり固いビジネスなのです。つまり、株のようにハイリスク・ハイリターンではなく、ローリスク・ローリターン、あるいはローリスク・ミドルリターンということもあり得ます。しかし、それはあくまでも自分でちゃんと本腰を入れて取り組めば、という話です。

大切なのは、不動産投資をビジネスとしてとらえること。そして、ビジネスをするには知るべきことがたくさんあるということです。シロウト投資家のままでは、いつまで経っても勝てません。私がお勧めするのは、セミプロ投資家になることです。

▼家賃収入だけ見て安心するな！

ここまで読んで、「いや、ウチの物件は順調に回っている。家賃がちゃんと入っているので、管理費を払ってもローンを返せないなんてことはありえない」と思う方もいるでしょう。

しかし、その物件は本当に回っているると言えるのでしょうか？

確かに月々の家賃が振り込まれるようになると、気持ちが大きくなってしまうのも無理はありません。しかし、それは借金を返済するための資金であることを忘れてはいけないのです。収入と考えてはいけません。

たとえば、2億円の物件を買うために、オーバーローンで2億2000万円の借入をします。諸費用をまかなうためです。

しかし、物件を購入して次の日に売っても、その物件は1億8000万円ほどの価値にしかなりません。不動産業者の利益が上乗せされているからです。

つまり、最初から4000~5000万円の赤字があるのです。家賃収入が入ってきたら、まずその部分を埋めなければなりません。それを収入だと思って使ってしまってはいけないのです。

また、税金のことも理解していないために、翌年、住民税も所得税も大きく上がっていてびっくりすることになります。そして、そうこうしているうちに、保有している物件で事件や事故が起こります。修繕費を支払うためにカードローンに手を出してしまうと、まさに破産への第一歩です。そして、その先にあるのは、多重債務です。お金を返すために、またお金を借りるようになる。まさに借金の雪だるまです。

▼早期リタイア＝無職の人

　不動産投資で破産してしまう人とは、どのような人なのでしょうか。投資意欲が高く、お金を稼ぐことが好きで、余剰資金も豊富な人でしょうか？

　いいえ、私の見る限り、ごく普通の人たちです。学生時代はまじめに勉強し、いい会社に就職し、まじめに働いています。あまり遊んだ経験がなく、地味な人たちが多いと思います。良く言えば純粋な人たちですが、人の言うことを疑いを持たずに聞いてしまいます。

　そのようなまじめな人たちが、不動産会社の営業マンのセールストークやインターネット上の情報などを鵜呑みにしてしまい、華やかな世界にあこがれるようになります。不動産投資セミナーを聞きに行き、業者からおだてられます。

「今なら数億円の資産を持つことも可能です。これから先、どんどん収入が入ってくることになりますよ」

　そのとき、これまでまじめに働いてきた人は、「ああ、自分はすごい人間なんだ」と勘違いしてしまいます。その結果、会社を辞めてしまう方がいます。

しかし、先ほども述べたとおり、不動産収入というのは借金を返すための収入でしかありません。何億円もの借金がフルローンでできたのはサラリーマンであることから来る信用だったのです。会社を辞めてしまえば、銀行からの評価はただの無職となってしまうのです。そうなれば、もはや1銭も借りられません。すると、物件の買い替えをすることができなくなります。

あるいは、台風などの予期しない事故に遭ってしまった際にも、工事費が捻出できなくなります。会社員であれば、銀行から借りることも可能なのですが、無職であれば打つ手なしです。

このように、無職であるということは、不動産投資をするうえで大きな痛手となるのです。そういった判断ができないのも、シロウト投資家の問題点だと思います。

その後はどうなるのか。「入居者がつかない」「収入が減る」「支払いができなくなる」の悪循環を経て、破産していくというパターンです。

不動産投資をするのであれば、安易に会社を辞めてはいけません。不動産投資をプロとして行う覚悟がなければ、アーリーリタイアなど考えるべきではないのです。

不動産を購入した段階では、投資家ではなくただの所有者にすぎません。普通のお買い物をしている人と変わらないのです。そうした認識がなければ、不動産業者に踊らされ、破産の憂き目にあってしまうことになるのです。

▼大家さんは孤独な職業

「不動産投資＝大家さん」と考えると、気楽なイメージを持たれる方も多いかもしれません。しかし、大家業とは、実は幅広い知識とスキルが求められるビジネスなのです。

たとえば、不動産取引、建築、賃貸管理、法律、金融、税務などなど……。それぞれの分野のエキスパートと対等に渡り合わなくてはなりません。なぜなら、不動産会社も、銀行も、税理士も、あなたの立場ではなく、自分たちの論理でしか仕事をしてくれないからです。

もちろん、ビジネスパートナーとして彼らと有効な関係を築くことは好ましいですが、任せっぱなしにするのではいけません。自ら考えて判断できるように知識を備えておくことが必要です。

POINT

・不動産投資は、正しいやり方でやれば、本来、成功する確率が高いものである。
・不動産投資は、株などに比べて経営の要素が多い。事業として取り組まないと、プロには勝てない。

第2章

セミプロ投資家だけが生き残る時代

01

他人任せでカモられるシロウト投資家

▼迫り来るデッドクロスの恐怖

今、不動産投資がブームになっています。ものすごい数の人が参入しています。しかし実際には、9割以上の方が失敗しています。

そもそも不動産というのは、購入後100％収入が下がっていきます。年数と共に家賃は下がり、修繕等経費は増えます。そして競争力の低下により空室期間も増えていきます。それに対し、税金は上がり続けるのです。まず、税金は手残りのキャッシュフローに対してではなく、会計上の利益に対してかかります。不動産は減価償却の効果が高いため、減価償却が効いている間はそれほど税金がかからないのですが、減価償却の効果が切れたとき、会計上の利益は一気に跳ね上がります。これを俗に〝デットクロス〟と呼びます。さらに、銀行への返済は元金と利息とに分かれており、利息は経費ですが元金は資産です。そして、そのバランスは年数と共に変わり、元金の比率が増えていきます。そうなると、必然的に損益上の利益は上がり続け、あっという間に手残りのキャッシュフローでは払えきれない税金がかかってきてしまうのです。俗に言う黒字倒産です。

とくにフルローンやオーバーローンで築古物件を買われている方は、デットクロスや黒字倒産の危機が来る可能性が極めて高いのです。

その期間は、早い物件だと購入の翌年には来ます。遅い物件でも15年ほどになります。現在は不動産投資ブームがはじまってまだ5年くらいなので、デットクロスや黒字倒産が到達している人は少ないです。しかし、今後はどんどん増えてくると予想されます。

デットクロスや収入を上回る税金が到来して、支払いが滞るようになり、結果的に破産する。そのような人が続出するのではないかと私は懸念しています。以前、債務整理の仕事をしていたので、そういった人たちの決算書や確定申告書を見ると大体わかります。

「この人はもうだめだな、破産するだろうな」と。

そういった人たちがあまりにも増えてしまえば、社会的な問題にもなり兼ねません。まさにサブプライム問題の再発です。そうならないためにも、ぜひ、シロウト投資家からセミプロ投資家になっていただければと思います。

▼不動産投資はビジネスである

そもそも不動産投資は、株式投資やＦＸなどとは異なります。あくまでもビジネスです。株は買ってしまえば終わりです。しかし不動産は、物件を買って運営し、売却し、税金を納めなければなりません。会社を経営するのと同じなのです。

億単位のお金を借りて、自分で収支計画を作り、銀行からお金を借り、お客様を探してお部屋を提供する。そして、家賃をいただく。事故などがあったら、自分で対処して、工事をして、税金を納めて決算書を作る。

こういった一連の流れは、私たちのような不動産のプロがしていることと同じです。

それにも関わらず、多くの投資家は覚悟が足りません。普通の投資をしている感覚の人が非常に多いのです。私の専門としているのは富裕層の資産運用なのですが、その方たちの投資感覚は「持っているお金を運用してくれ」と言って、私が預かって運用するという形です。

図表1　不動産投資家が身につけるべきスキル

①仕入れ

独自のルートを開拓し、物件は極限まで安く業者価格で購入する

②融資づけ

複数の銀行と直接融資交渉し、銀行評価の高い物件を有利な融資条件で買う

③管理運営

管理会社・賃貸仲介会社・職人との付き合いを体得し、賃貸経営の利益最大化を狙う

④経営

ベストな売却タイミング、最適な税金コントロールで資産拡大

そのようにすでに持っているお金を増やすのではなく、収入や資産を作るために不動産投資をするのであれば、第2の本業として行わなければなりません。とくに会社を途中でアーリーリタイアしたいとか、定年後の収入源にしたいという方の場合であれば、なおさらです。「事業」という感覚をもってやらないと負けてしまいます。

とくに重要なのが、「戦略」と「融資」と「仕入れ」です。詳細については第3章以降で詳しくご説明します。ここでは簡単に全体のロードマップについて理解してください。

2〜3棟で投資が頭打ちになってしまっている。とりあえず行き当たりばったりで2〜3棟買ったけどそのあと借り入れができない、どう

したらいいのかわからない、というのがシロウト投資家の特徴です。

頭打ちになってしまう最大の理由は、ゴールが不明確だからです。目標があったとしても「なんとなく会社を退職したい」「退職後の収入がほしい」「キャッシュフローで1000万円くらいほしい」といった程度で、具体的な戦略に落とし込みができていません。「銀行が貸してくれるから」「フルローンで買えるから」というだけで、何となく地方のRCを購入します。それでバランシートが悪くなってしまい、次の物件が買えない状況になってしまうのです。

一方、目的を明確にし、ゴールを設定し、そこから逆算して戦略を立てる。それがセミプロ投資家のやり方です。

たとえば、数年以内に専業大家になりたいとすると、まずどのような状態になっていればいいのかを考えます。専業大家ということは、不動産事業からの収入で生活すると同時に、事業を成長させていくための余剰資金も必要となってきます。長期に不動産経営をしていく中で突発的な修繕も発生しますし、税金対策上、定期的な物件の入れ替えは避けられないからです。また、事業を拡大するためにも売却して含み益を現金化し再投資に回すことが効率的です。自分自身や家族が生活していくために年収1000万円が必要だとして、事業拡大に必要な余剰資金はどれほど必要でしょうか。本書では頭金をある程度入れてバランスシートを良好に保つ戦略を推奨していますが、毎年1棟2億円程度の物件を入れ替えるとすると、次の物件の購入資金として3000万円程度は欲しいところです。そうすると生活費1000万円と余剰資金3000万円、税金を考慮すると税引前のキャッシュフローで5000万円程度は必要ということになります。

つまり「専業大家で年収1000万円」を望むなら、事業規模としては税引前キャッシュフローで5000万円を目標とすることになります。そこから逆算して、保有すべき物件の規模と収益性、物件の購入と売却のサイクルを考えるのが戦略です。戦略について詳しくは第5章を参照してください。

＼POINT／

- 不動産投資で失敗する大きな要因は、確実に収入は右肩下がりという当然の現象を理解していないことが挙げられる。
- シロウト投資家の失敗の顕著な現象として、行き当たりばったりで物件を2〜3棟買って、頭打ちになってしまっている。

02 不動産投資で本格的に稼ぐために身につけるべきスキル

▼情報力、交渉力、ネットワーク

不動産投資で稼ぐためのスキルとは何でしょうか。ポイントは「情報力」「交渉力」「ネットワーク」の3つです。

物件にしても銀行にしても、どれだけ物件情報を集めてこられるかという情報量に加えて、物件の収益性と資産性を見極める判断力、どこの銀行はどういう融資をしているのかという情報力が大事です。

次に、交渉力です。1億円で売り出された物件を、自分の見立てでは8000万円だと評価した場合、相手が8000万円で売ってくれるかどうかはわからないけれど、なるべくそれに近づけるのが交渉力です。そこにシロウトとセミプロとの違いが生まれます。

また、ネットワークも重要です。これは一朝一夕にはいかないと思いますが、業者とのネットワークや銀行担当者とのネットワークがあるのとないのとでは、やっていることが同じでも結果がまるで違ってきます。

どの程度までこれらのスキルを身につければ良いかというと、まずはセミプロを目指しましょう。最新情報が次々と入ってくる流れを作り、自分の基準で物件の価値を見極め、事業主として銀行開拓をし、自分が中心となって管理会社や職人などのビジネスパートナーを上手に動かす、ということです。セミプロとして行動し始めると必然的に収益も増えてくるものです。

▼５年で７倍の収益差がつくシロウトとセミプロ

具体例を通して、シロウト投資家とセミプロの違いを見ていきましょう。

東京近郊で中古のＲＣマンションが売りに出されています。築25年のシングルタイプで家賃は年間９００万円。あなたならいくらで購入して、どのように運営して、何年後にどれくらいの金額で売却するでしょうか。

同じ物件をシロウト投資家とセミプロ投資家がそれぞれ購入して5年後に売却したとしたら、5年間のトータルの収益にどれほどの違いが出るでしょうか。典型的なパターンでシミュレーションしたところ、シロウト投資家は900万円のマイナス、セミプロ投資家は450万円のプラスになりました。税金は考慮していませんが、このくらいの差が出てしまうのです。

最大の違いは仕入れです。シロウトは1億2000万円で利回り7・5％で仕入れました。都内なのでこれくらいが標準的な利回りです。セミプロは利回り8・7％、1億300万円で仕入れました。いわゆる業者価格です。シロウト投資家が購入するエンド価格とセミプロ投資家が購入する業者価格は2割ほど違っています。あまりにも違いすぎると思われるでしょうが、こういった事例は現実に起こっているのです。

融資条件もシロウトとセミプロでは異なります。シロウト投資家は業者の斡旋した融資で金利4・5％、セミプロ投資家は自分で銀行開拓して金利2・0％です。また、運営の手法によって、キャッシュフローも異なります。

あとは売却です。シロウトは、5年も運用したから多少下がっても仕方ないかなということで、業者に言われるがまま、１億円で売ってしまいました。買い叩かれてしまったと言えます。一方で、セミプロは相場をよく把握していて、１・２億円で買う人がいることを知っていました。その結果、買値よりも高く売り抜けることができたのです。つまり、見方を変えると、「セミプロ投資家が利益を乗せて売却した物件をシロウト投資家が買う」というのが不動産業界の構造になっているということです。

そのような経緯を経て、最終的にシロウトはマイナス９００万円、セミプロはプラス４６５０万円という結果になるのです。

もう一つの事例を見てみましょう。

今度は新築の木造アパートです。シロウトとセミプロが同じような物件を購入し、５年後に売却しました。先ほどの事例と同じです。物件は東京23区内の新築木造で１Ｋ９室、年間の家賃収入は８５０万円です。

結果はどうなったのか。シロウト投資家は７４０万円のプラス、一方セミプロは４５２０万円のプラスです。今回もまた、大きな差がつきました。

ポイントはやはり仕入れです。セミプロはアパートメーカーの建売を１・２億円で買いました。建売なのでもちろん業者の利益が乗っています。利回りは７・１％になりますが、都内で7%なのでまずまずではないでしょうか。

セミプロは自分で土地を探して設計士にプランを作ってもらい、建築会社を探して建てました。土地と建築費のトータル9400万円で利回りは9%。都内でもこれくらいは可能です。

また運営面の違いもあります。シロウト投資家が購入した物件はアパートメーカーのサブリース契約が必須条件でしたので満額家賃の8割しか入ってきません。一方でセミプロは自分で運営しているので高めの家賃設定であるにもかかわらず営業努力で高稼働を実現、さらにキャッシュもきちんと残っています。

そうなると、出口が同じ1億1000万円で売ったとしても、5年間で6~7倍、差額でいうと4000万円ほどの違いが出てきてしまうのです。

▼コアスキルは「仕入れ」と「融資」

シロウト投資家とセミプロ投資家の違いについて、「仕入れ」「投資」「管理運営」という3つの要素から見ていきましょう。

まずは仕入れです。エンド価格というのは、間にいくつも業者が入っています。売り主がいて、買い主がいて、というように、直接の取引ではないのです。間に入る業者も儲けたいので、利益を上乗せします。

そうすると、末端の価格は上がってしまいます。商売なら製造業でも小売業でも何でも同じかと思いますが、消費者に近づくほど価格が上がります。不動産業界もこのような仕組みになっています。

セミプロの場合は、自分で直接、元付に行きます。元付とは、売り主と直接つながっているところです。

つながっているからこそ、いくらで売ってくれるのかがダイレクトにわかりますし、交渉もしやすいのです。その結果、仲介手数料３００万円だけを払って、売り抜けることができました。

これがセミプロ投資家とシロウト投資家との違いです

このような違いは、新築木造でも同じです。

建売の新築木造は、アパートメーカーが土地を仕入れて、業者を手配してアパートを建てて出来上がった商品として売ります。そうなると利益を乗せることになります。事例では１

億2000万円でした。これをシロウト投資家が購入します。

一方で、セミプロはすべて自分でやります。安い土地を探してきて、値下げ交渉をして、建築のための職人も自ら手配するのです。

そうすると、アパートメーカーの利益やコストが上乗せされていないので、1億円以内で建てることができました。まさに、自らがアパートメーカーと同じことをしているのです。

安く購入できているので、完成した翌月に売ってもいいですし、完成する前に売っても儲かります。それがセミプロ投資家のやり方です。

次に融資です。業者に任せしてしまうと、もっとも融資が出やすい銀行に行くだけで他の銀行へは持ち込みません。そうなると、条件が悪いというだけならまだしも、他の銀行から見た評価を知ることができないということになります。

つまり、その物件がどれくらいの価値があるのか、相対的な評価がわからないまま、購入することになってしまうのです。

売却出口を考えるようにしても、将来の買い主がどこの銀行でどれくらいの融資を引けそうなのかもわかりません。出口が見えないというリスクもあるのです。

その点、セミプロのように自分で動けば、それぞれの銀行の見方がわかります。高く評価する銀行もあれば、そうでない銀行もあります。そのように相対的に評価できるようになれば、物件を売却することになっても、見通しがつくようになるのです。

自分で銀行を開拓することによって、リスクヘッジにもなりますし、融資を出してくれる中でもっともいい条件を選ぶことができます。また、銀行とのコネクションも構築できます。

投資家を経営者として考えたとき、銀行から見れば、正体がわからないシロウトと、直接会話をしているセミプロとでは、位置づけが大きく異なります。自分で行くのと行かないのとでは、大違いなのです。

最後は管理運営ですが、物件の管理運営もコミュニケーションの問題になります。つまり、管理会社とどれだけ密に連携し、うまく活用できるかによって、物件の稼働率が変わってくるのです。

修繕工事も同じです。間に管理会社やリフォーム会社が入ると、それぞれ手間賃をとられてしまうので、トータルの金額が上がります。

その点、自分で手配すれば、複数の業者を比較しつつ交渉できるので、安く済ませることが可能なのです。

仕入れ、融資、管理運営。この３つの指標から見比べてみると、シロウト投資家とセミプロ投資家との違いは圧倒的です。

私の感覚で言えば、シロウト投資家はいつまで経ってもお客さんのような気分で取引をしており、セミプロ投資家は主体的に取り組んでいるといった感じでしょうか。お客さんという態度で業者と接していれば、世話代をとられてしまうのは仕方のないことです。一方、主体的なセミプロは、なんでも自分でやります。

これから不動産投資を取り組もうと考えている方、あるいはすでに取り組んでいる方には、次の3つの選択肢があります。

①現状で甘んじるか
②やめてしまうか
③強い投資家になるか

そして、強い投資家とはつまり、自分で積極的に取引を行うセミプロ投資家のことです。ある程度の努力は必要となりますが、勝ちたいのであれば、スキルを身につけてセミプロ投資家を目指しましょう。

POINT

- 不動産投資の世界は、シロウトがプロに絶対勝つことができない、厳しい世界である。
- 無駄な経費が乗っていない業者価格と、最終的な末端買主としてのエンド価格とでは、雲泥の差が出る。

03 首都圏不動産投資で資産を築くセミプロのマインドセット

▼大前提　投資家と業者は利益相反！

不動産で本格的に稼ぐために、大前提として知っておいていただきたいことがあります。それは「投資家と業者は利益相反の関係にある」ということです（図表2）。

なぜなら、シロウトもセミプロも、プロの業者も基本的には同じことをやっているからです。レベルの差はありますが、大まかに言えば、不動産を「安く買って、高稼働で回して、高く売る」ということで利益を得ようとしています。同じ土俵で戦っているということですから、利益相反となるのは当たり前です。

売買に関して言えば、投資家は安く買いたいですし、業者は高く売りたいと考えます。投

図表2　投資家と業者は利益相反

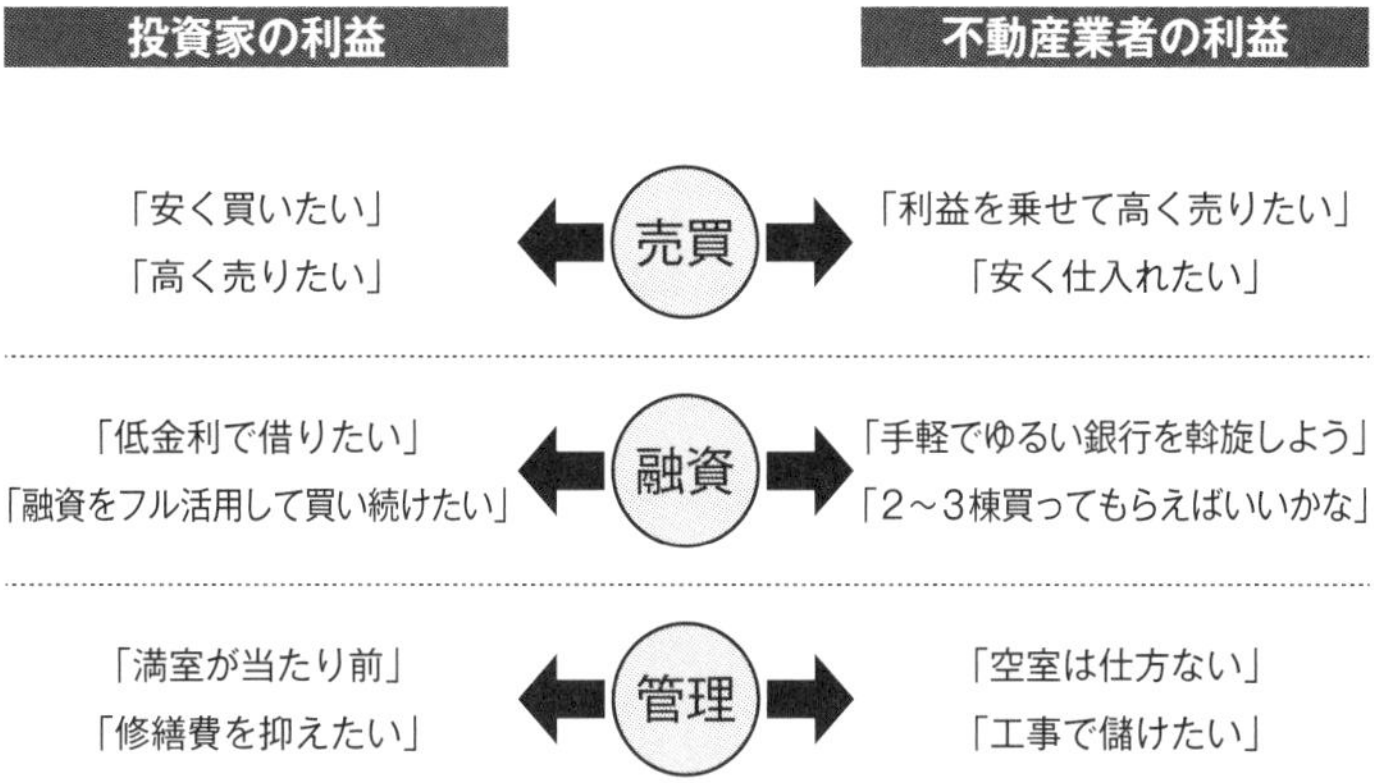

資家は高く売り抜けたいですが、業者は安く仕入れたいと考えます。だから利益が相反するわけです。

融資も同じです。自分で銀行に行くのであればよいのですが、業者にアレンジを任せてしまえば、手早く済ませたいということで1行しか紹介されません。最も早く融資が出るところを知っているので、その銀行しか紹介されないのです。そうするといい条件も引けませんし、物件の評価もわかりません。また、借り続けるということも難しくなってきます。

99％の業者は、あなたが経済的に豊かになるかどうかに関心はありません。目の前の取引、つまり自分の売り上げが最も大事です。ですので、どれだけ親密になったとしても、業者に任せていれば大丈夫かというと大間違いです。

管理業務も、業者としてはあずかった物件をなるべく高稼働で回してあげたいと思いつつも、できることにも限界があるし、空室は仕方ないと思っています。それが普通です。

一方で、投資家は常に満室であってほしいと願っています。修繕費などもできるだけ抑えたいと考えます。

▼業者に利益を取られるな！

不動産投資の業界は、今や二極化しています。うまくいっている人は全体のごく一部。大半の人は、とりあえず買ってはみたものの、キャッシュが増えるという状況になっていません。そのように二極化が進んでいるのです。

では、うまくいっている人とそうでない人は、何が違うのでしょうか。

最大のポイントは、「業者に利益を取られているかいないか」です。この違いはまさに、シロウト投資家とセミプロ投資家との違いです。つまり、不動産投資の勝者と敗者を分けるポイントは、シロウト投資家であるか、それともセミプロ投資家であるか、ということなのです。

投資家の思惑と不動産業界におけるプレイヤー（販売会社、仲介業者、銀行など）の思惑は真逆です。投資家は不動産で儲けたい。しかし、プレイヤーたちは不動産取引で儲けたい。それが基本です。

この基本的な事項を頭に入れておかないと、「不動産業界のプレイヤーは、当然、投資家の味方になってくれるはずだ」と勘違いしてしまいます。それがいわゆるシロウト投資家の発想です。投資家がどれだけ利益を得られるかなど、不動産業界のプレイヤーたちにとってはどうでもいいことなのです。

売買にしてもそう、融資にしてもそう、工事にしてもそう、管理にしてもそうです。みんな、自分たちの利益を優先して取引をしたいと考えています。ビジネスなので当然です。いくら投資家が満室にしたいと願っても、管理会社は余計な手間ひまをかけてまで満室を目指そうとはしません。地方の物件ほど、そういった傾向があります。

私たちのようなプロの不動産コンサルタントは、投資家の方を儲けさせることでその成果報酬として収益を得ています。それ以外のプレイヤーは利益相反であるということを、あらかじめ認識しておきましょう。

▼セミプロは経営者マインド！

セミプロ投資家は、自分で不動産取引を行います。新規の銀行を開拓し、さまざまな物件を見て、販売会社、管理会社、工務店とも交渉します。勉強し、多くの経験を得て、スキルもノウハウも蓄積されていく。その結果、より勝てる投資家へと進化していくのです。

また、継続して取り組んでいくと、不動産投資に関するプレイヤーとの人脈が形成されます。すると、シロウト投資家が得られないような情報を入手できたり、より有利な条件で不動産を購入したりすることも可能となるのです。

セミプロ投資家の動きは、一般的な企業の経営者と同じです。人の話を鵜呑みにするのではなく、自ら経営スキルや経営感覚を身につけ、リスクをとりつつ積極的に取り組んでいきます。経験を重ねてさらに実力を高めていくのです。

結局のところ、不動産投資もビジネスと同じです。主体的に取り組んだ者がより有利な条件で物事を進めていけるようになるのです。わからないから教えてもらう。ただ、言われたとおりにやるだけ。そのような姿勢では、稼げるようにはなれません。

主体的に取り組み、自分で判断できるように、勉強していきましょう。そして、セミプロ投資家を目指すのです。

▼セミプロ投資家の戦略的アプローチ

具体的には第3章以降で詳しく解説していきますが、セミプロ投資家になるための手順を紹介します。

まずは都市部、できれば首都圏の不動産を狙うということです。次に、正しい順番で不動産を購入し、ある程度の資金をつくってから攻めていくのが王道です。そして、物件の資産価値を正しく把握し、資産価値を大幅に超えるローンを組まず、できる限り純資産をプラスにして買い進めていくことです。

繰り返しになりますが、セミプロ投資家になるということはつまり、会社の経営者になるということなのです。

無計画に借金をくり返す社長に、会社の将来を担うことはできません。そうではなく、将来の成長戦略をしっかりと描き、その流れにそって計画的に投資を進めていくこと。もちろん、多くのことを学びながら、自らも成長していくのです。

その結果、少しずつ確実に資産を拡大させていきます。これが、首都圏不動産投資における、理想的な拡大シナリオなのです。

次章からは、不動産投資の要である「戦略」「融資」「仕入れ」について、それぞれ見ていくことにしましょう。

＼POINT／

・「不動産業者は投資家の利益のために動くことはない」、という現実を知ろう。
・セミプロ投資家として稼ぐためには、主体的になって、正しいやり方を貫き通すことである。

PART 2

第2部

戦略編

売買と賃貸のハイブリッドで純資産を拡大しろ！

第3章

不動産業界の利益構造を知る

01

不動産業者の稼ぎ方

▼稼ぎの元は売買、賃貸、手数料

不動産投資業界の利益構造を理解するにあたり、まずそもそも不動産業者がどのように稼いでいるかを知る必要があります。不動産業者は多数存在しますが、ビジネスモデルに着目してみれば、すべて次の3つに分類することができます。

①売買で稼ぐ
②賃貸＋売買で稼ぐ
③手数料で稼ぐ

①には、買い手と売り手の間に入って流すだけの「三為（第三者のために行う）業者」や一度買い取ったものをリフォームして転売する業者、土地を買ってアパートやマンションを建てて売る業者がいます。

②に該当するのは、ファンド、ビル経営会社、そして不動産投資家（個人・法人）です。最近は一般企業が新規事業として不動産投資を行うケースも増えています。

③に該当するのは、売買仲介会社、賃貸仲介・管理会社、その他ブローカーや投資コンサルタントです。

本書の読者の方の多くは個人投資家だと思いますので、②の賃貸＋売買で稼ぐビジネスモデルです。

▼基本スタイルは「安く買って、高く売る」

一口に不動産で稼ぐといっても様々なスタイルがあります。前項で挙げた土地や建物を扱うもの以外に、最近は駐車場やコンテナ、不動産と呼んでいいかわかりませんがコインランドリー投資というものまで出てきました。このように様々な手法があって迷いますが、私が

図表3　絶対勝てる不動産投資戦略

❶エリアは“都市部”

❷建物用途は“レジデンス”（＝住居系）

❸タイプは１棟（中古及び新築）

❹稼ぎの基本は“安く買って高く売る”

❺長期保有に適する物件はホールドして、高稼働で回す

基本スタイルとしているものをお伝えします（図表3）。

まず所有すべき物件の種類は、地方ではなく①都市部にある②レジデンス（住居系）の物件です。そして、中古でも新築でも構いませんが、区分ではなく③1棟ものです。

次に稼ぐ④基本スタイルは「安く買って高く売る」。賃貸で稼ぐよりも、安く買ったものを高く売って大きく稼ぐスタイルをメインとします。もちろん⑤長く持っても良いものはある程度所有して賃貸で回し、高く売れるタイミングを見計らって売ります。あくまでも売ることを目的に買うという感じです。

次項では、なぜ地方の物件がダメで、①都市部の物件を断固お勧めするのか、その根拠を具

体的に数字を用いて解説します。

POINT

- 不動産投資における稼ぎ方は、①売買で稼ぐ、②賃貸＋売買で稼ぐ、③手数料で稼ぐの３つに大別される。
- 各業者がどのような稼ぎ方をしているかを知ることは、不動産投資を進めるにあたり重要である。

02
危険な地方郊外！都市部との収益比較

▼地方郊外ＲＣフルローンはリスクに見合うリターンがない

そもそも不動産投資における地方リスクというのは、昔も今も変わりません。地方リスクとは、空室率とか、低家賃、土地の下落といったものです。

では、なぜ地方物件への投資がこんなにも一般的になったかというと、実勢価格と銀行評価額の乖離が小さくフルローンを受けやすいからです。それに加えて以前は、地方物件が十分に割安でリスクを上回るリターン、つまり十分なキャッシュフローが得られていたからです。

不動産投資では、キャップレート（利回りと金利の差）は５～７％くらいが安全圏と言われています。昨今の投資ブームが始まったとき、地方では利回り12～13％が当たり前でした。金利4・5％で借りても、キャップレートは7％以上、利回りは十分だったわけです。それが、現在の地方の利回りは10％を切ってしまい、リターンを生めなくなってしまっています。にも関わらず、フルローンやオーバーローンの融資スキームだけが〝負の遺産〟として残されてしまっているのです。

▼理由1　土地の価値が残らない

「フルローンがつきやすいから、地方がいい！」と思っている方は、地方の土地の価値を見落としています。

耐用年数が超過するに従い、建物の評価は落ち続けます。基本的に資産になるのは土地だけとなります（図表4）。

たしかに土地は建物と違って劣化しません。また増えたり減ったりしませんから、希少価値があります。

しかし、少子化や過疎化が進むこれからの日本で土地に価値があるというのは、もう都市

図表４　地方では土地の価値が残らない

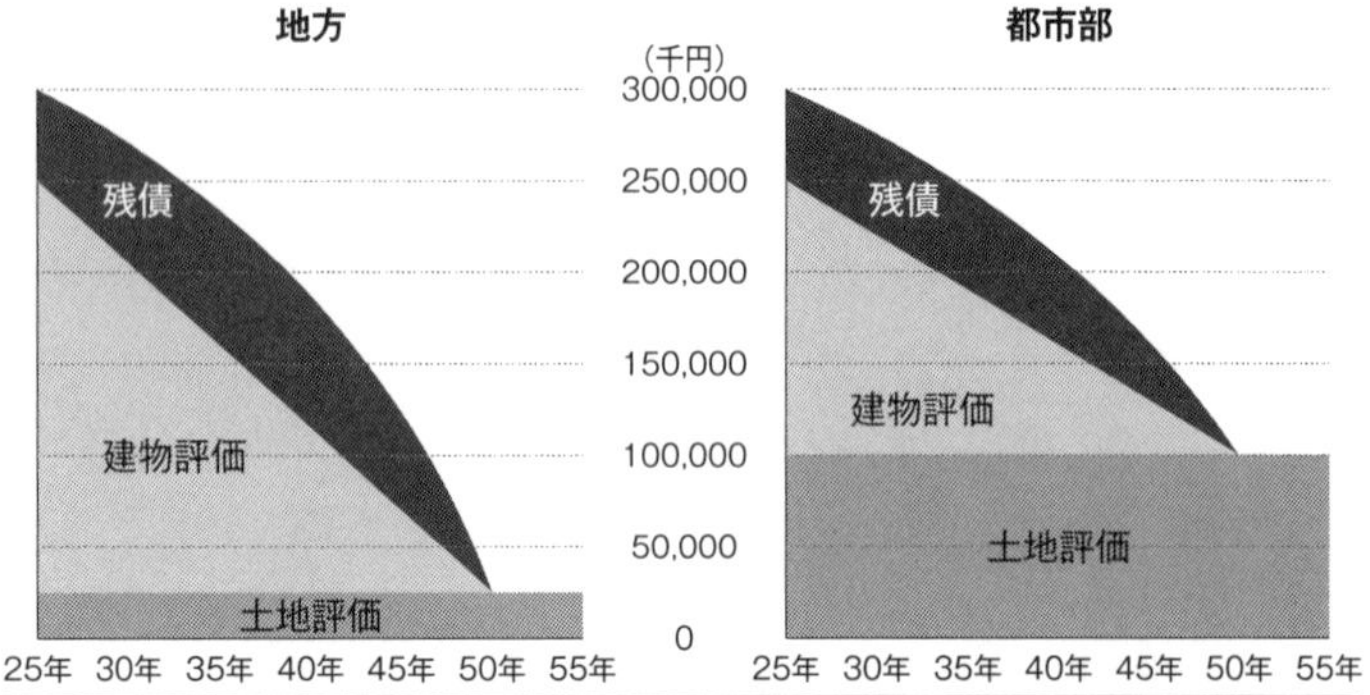

物件：価格３億円、築年数25年
融資条件：地方銀行、金利4.5％、30年返済の場合

部に限った話になるかもしれません。地方では一部の一等地を除いて、ほとんどタダに近くなっている場所があります。

　地方はもともと土地の価値が低いことに加え、建物の価値が減っていけば、物件の資産価値自体も急激に小さくなっていきます。その結果、取り壊し費用も考えると、地方の大型ＲＣは「ゼロ円でも売れない」ということが起こりえます。

　一方、都心部の場合は土地の価値が高いため、建物の価値が仮にゼロになっても土地の価値が残るわけです。このことはＲＥＩＴ（不動産投資信託）が所有する不動産の約75％が東京近郊の物件が占めていることが物語っています。

▼理由2　次の買い手がつかない

地方は都心に比べて銀行の数自体が少なく、融資の条件がよくありません。物件を売るときに買ってくれる人に融資がつくかどうかがネックとなり、都市部に比べて売却しにくいという問題があります。

「不動産投資の最大のリスクは流動性の低さにある」と言われるように、いかに売却しやすいかが重要です。では、地方で億単位の物件を売りに出したとき、はたして購入を希望する人は何人いるでしょうか。大げさではなく10人いれば良いほうだと思います。その中に、これから人口が減り続ける地方に対して、億単位の融資を喜んでする金融機関はどれくらいあるでしょうか。

それに対し、ＲＥＩＴやファンドも購入するような都市部、具体的には北から札幌、仙台、一都三県、名古屋、大阪、京都、神戸、福岡などは、今後も人口、世帯数ともに増え続け、インフラも整っており、世界の都市に比べたら割安なのは言うまでもありません。そのため、物件を売りに出せば日本人だけではなく、世界中の投資家や企業が買いに来ます。売却時の買い手の数が地方と比べて圧倒的に多いのです。

その結果、地方は買い叩かれ、都市部は買い上がる可能性すら十分あることを理解してください。

▼理由3　家賃に対する経費が大きい

「都心の利回り6％よりも地方の利回り10％のほうがいい！」と思っている方は、地方と都市部の経費率の違いや、前述した流動性の違いを見落としています。

地方は都市部に比べて家賃が半分程度です。にも関わらず、修繕費は変わりませんし、空室が出た場合の広告費は都市部よりも多くかかります。その結果、家賃収入に対する経費の割合、経費率が高くなってしまいます。賃貸物件では毎年必ず人の入れ替えが発生し、その都度部屋のリフォームや募集のための費用が必要になりますが、家賃が安い地方の物件はコストが割に合わないというのが一番のネックです。

たとえば、同じ広さの1ルームマンションで、都市部で家賃10万円の部屋と地方で家賃5万円の部屋を比較してみます。リフォーム費用は同じ10万円、広告費も都市部は1カ月、地方は3カ月かかります。これだけでも収入に対する支出の割合は倍以上違います。

さらに取得税や固定資産税も想像以上の差が出ます。詳細は後ほど説明しますが、地方の方が都市部よりも実勢価格に対して固定資産税評価額が高いため、必然的に税金の割合が高くなるのです。

以上の比較だけでも、首都圏の利回り6％と、地方の10％の税引後キャッシュフローにそれほどの差が出ないことが想像できるかと思います。

▼地方と都市部でトータル収益が数十倍

ここまでご説明してきたことをもとに、対照的な地方（愛媛県松山市）と都市部（東京都江東区）のRCを10年後に売却してみることを想定したシミュレーション結果が図表5です。

地方物件は売値から残債を引いた売却利益がマイナス600万円になってしまっています。売却時の累積キャッシュフローから売却利益と譲渡税を引いた確定利益はなんとか140万円です。それに対して、都市部の物件は売却利益の段階で3100万円のプラスになり、最終的な確定利益も4100万円と、なんと地方の約30倍となっています。

図表5　地方物件と都心物件の売却時の比較 ～10年目想定～

地方		都心
1：9	土地：建物	7：3
4.5%	借入金利	3.5%
10%	利回り	8%
173,000,000円	簿価	207,000,000円
217,000,000円	残債	201,000,000円
211,000,000円	売却金額	232,000,000円
15,000,000円	売却時累積CF	15,000,000円

売値－残債 ▲6,000,000円	売却利益	売値－残債 31,000,000円
売却金額－簿価 38,000,000円	損益	売却金額－簿価 25,000,000円
損益価格×20% 7,600,000円	譲渡税	損益価格×20% 5,000,000円
累積CF＋売却時利益－譲渡税 1,400,000円	確定利益	累積CF＋売却時利益－譲渡税 41,000,000円

トータル収益が約30倍の差になる！

このカラクリは双方の物件の「土地：建物」の比率の違いです。地方は土地の価値が物件の1割しかないのに対し、都市部は土地が7割を占めています。その結果、地方では土地の価値が残らず売却金額が大幅に下落します。加えて減価償却が進み簿価も下がるので、譲渡所得、税金も大きくなります。一方、都市部では売却金額が高くても譲渡所得が小さいため、地方よりも税金が安くなり、結果的に多くの利益を残せたのです。

以上のことから、私が都市部の物件への投資を勧める理由を納得いただけたのではないかと思います。

誤解していただきたくないのですが、「地方だからダメ」ということではありません。本当にお伝えしたいのは、トータルで利益の残る投資をしましょうということです。地方に限らず、都市部の物件であっても売却のタイミングや税金までを考えて検討することが重要です。

POINT

- **現在の地方の物件は利回りが低くなってしまい、かつてのようなリターンが望めなくなっている。**
- **地方は都心に比べ、もともと買い手が少ない、経費率が大きいなど、リスクが高い要因を抱えている。**

03 今買うべき物件は、「都市部、レジデンス、1棟」

▼多種多様な収益不動産

前項で、都市部の物件が地方に比べて投資先として優位にある点を説明しました。しかし、都市部の物件であれば何でもいいわけではありません。

物件はその用途で、大きくレジデンス（住居系）とオフィス（事務所系）に分けられます。また、投資用物件の形態も1棟と区分、戸建ての3つに分類できます。他にも、底地、駐車場、倉庫、店舗、コンテナ、コインランドリー、最近ではシェアハウスや民泊まで、多種多様な不動産の用途があります。

人や企業が多く集まる都市部には、これらのすべてが存在しており、その見極めが必要になります。

▼安定感抜群のレジデンス（住居系）

賃貸物件は大きくレジデンス（住居系）とオフィス系に大別できます（図表６）。人がたくさん住んでいる地域には単純に住居のニーズが発生します。東京には至るところに住宅地があります。一方、オフィス系は東京であっても駅の周辺やオフィス街など一部の地域にしか需要がありません。したがって、需要が圧倒的に多い住居系が理想ということになります。

また、レジデンスは東京であれば至るところに仲介店があり、リーシングのやり方もエリアごとにそんなに大きく変わりません。引越しも多いので空き室が出てもすぐに埋めることが可能です。これがオフィス系だと、事務所用、店舗用、倉庫用など用途が多様で、住居系ほど簡単ではありません。企業の倒産や店舗の撤退という可能性もかなりあります。

それから、住居系は安定的なニーズが見込めるので、景気の変動に左右されにくいです。景気が良くても悪くても人間は住む場所を必要とするからです。これがオフィス系だと、エ

図表6　住居系vs.事業系

住居系		事業系
広範囲	エリア	限定的
至るところにある	物件数	少ない
流れが確立されているため容易	リーシング	用途がまちまちで難しい。倒産による退去もしばしば
エリアと間取りで大まかに決まり、景気変動に左右されない（一部、超都心大型間取りは高額で変動も激しい）	賃料	場所・用途・時期によりばらつき激しい
画一的で容易	管理運営	メンテナンスの手間がかかるエアコンなどの設備交換も高額

リアによっては景気が悪くなると借り手である企業が減るなどという事態がありえます。

賃料に関しても、住居系はエリアと間取りで相場が大まかに決まるので、景気変動に左右されません。一方、オフィス系はエリア、用途、時期によってばらつきが激しくなります。また、どうしても空室が埋まらないという事態が生じても、住居系は最後の手段として家賃を下げさえすれば誰かしら住むだろうという安心感があります。これがオフィス系だと、入らないときは本当に入らないということが現実にありえます。

管理運営についても、住居系は画一的で普通の家庭用設備でメンテナンスが大抵可能ですが、オフィス系はメンテナンスの手間がかかったり、エアコンなどの設備交換も高額です。

以上のような理由で、レジデンスはオフィス系よりも銀行融資が受けやすく、個人投資家に適した物件だと言えるのです。

▼投資効率重視の１棟モノ

１棟とその他の区分や戸建てを比較してみましょう。

区分は土地が限定的にしかついてこないので資産価値が高くなりません。しかし、１棟は土地が丸ごとついてくるので、評価が出やすいというメリットがあります。土地の評価が出やすいということは、売りやすいということです。

投資効率という点で考えてみても、１棟なら１回の融資で１億円や２億円規模の投資が可能になり、銀行との融資契約や物件の売買契約も一度で済むので効率が良いです。

運営効率という点では、１棟も、区分も、戸建てもそれぞれ良し悪しがあります。１棟は複数の部屋をまとめて管理できますし、戸建ては大家がほったらかしにしていてもそこに住む人が我が家のように使ってくれれば問題ありません。区分も管理組合が全部やってくれます。

入居付けという点では、1棟は全室を管理会社に頼めるので便利です。戸建ては空きが出ると少し時間がかかることがあります。

自由度という点では、1棟は建物も土地もすべて自分のものになるので、メンテナンスをいつ、どのように行うかを自由に決めることができます。

1棟が唯一、戸建てや区分に比べて劣るのが物件の流動性です。戸建てや区分は住宅としての実需も見込めるので、売却が楽です。この点、1棟は投資規模が大きいので、戸建てや区分ほど簡単に買い手がつきません。

以上のことを総合的に考えますと、投資対象としてはやはり1棟ものに軍配が上がります。

\ POINT /

- **都市部には多くの居住ニーズがあるため、オフィスよりもレジデンス（住居系）が望ましい。**
- **1棟、区分、戸建てを比較した場合、それぞれ利点もあるが、投資効率や運営効率を考えると、1棟が望ましい。**

04 〝売る〟ことを前提に戦略を考える

▼売却と再投資が事業成長を加速する

ここまで不動産業界のしくみや利益構造、収益計算の方法や指標の使い方についてお話してきました。ここではこれまでの知識をベースに具体的な戦略をどう立てるかについて、お話していきます。

戦略を立てる際にみなさんにお伝えしたいのは、「売る」ことを前提に「買う」ということです。デットクロスの到来前に売却するという必然的な理由もありますし、何よりも含み益を現金化して再投資することで事業規模は加速的に大きくなっていきます。巷で売られている不動産投資の書籍の多くは、保有物件をどんどん増やして規模を拡大し、安定収入を増

図表7　なぜ"売る"ことが前提なのか？

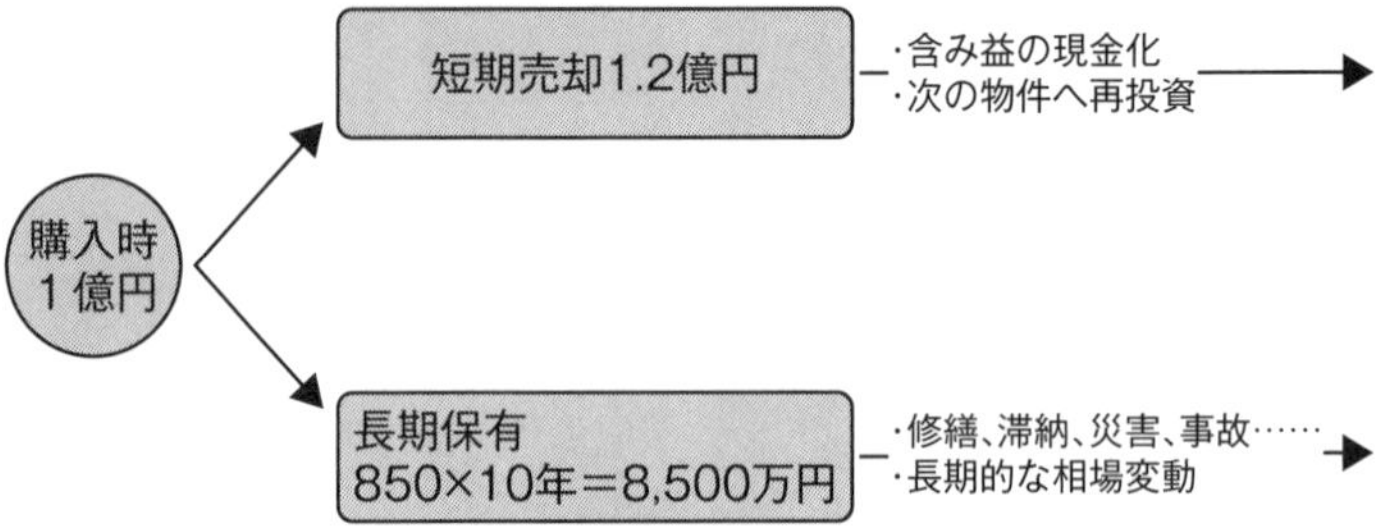

●シミュレーションで長期保有に耐えられる物件を手に入れる
●相場を見ながら高く売れるタイミングで売っていく
●仕入れを安く＋長期融資を受ける
➡持ってよし、売ってよし（良いとこどり）

やすということを謳っています。確かにそれは大事なことですが、物件を増やすには必ず元手が必要になってきます。

たとえば、1億円で物件を買った場合、採るべき選択肢は2つあります（図表7）。

①短気で売却する（キャピタルゲイン）
②長期保有して賃貸で回す（インカムゲイン）

①の場合、1・2億円で売れれば、2000万円の含み益を現金として得ることができます。そして、その現金で次なる投資をすることができます。つまり、投資の加速がしやすいのがメリットです。

一方で、②の長期で保有する場合、安定収入が入ってくることは事実ですが、１億円の物件で利回りが８・５％の場合、得られる収入は年間で８５０万円、10年間で８５００万円。しかし、実際の税引後キャッシュフローはおよそ年間１００～１５０万円、10年でも１０００～１５００万円にすぎません。しかも年々収入は下がり、修繕とか家賃滞納というリスクが生じることも考えなくてはなりません。また、保有期間が長ければ長いほど、災害とか自殺、事故のリスクが生じる可能性も高くなります。さらに、長期的に相場が変動していった結果、利回りが下がるかもしれないというリスクもあります。

このように考えると、短期の売却で２０００万円を現金化し、それを元手に次の物件を買ってまた２０００万円を作る、そしてそれを元手にまた次を買う、という風に進んでいくのが投資として一番稼ぎやすいことがおわかりになると思います。

▼「持っても良し！　売っても良し！」が最強!!

ただし、このいつ高く売れるのかというのは、投資家が自分でコントロールできない部分もあります。物件によっては逆に含み損を抱えることも考えられます。

そこで私がお勧めするやり方としては、以下の３つです。

①シミュレーションして長期保有に耐えられる物件を手に入れる
②仕入れを安く＋長期融資を受ける
③相場を見ながら高く売れるタイミングで売っていく

つまり、最初にシミュレーションして、なるべく長く持てる物件を手に入れておきます。そして、相場を見ながら一番高く売れるタイミングで売ってしまいます。このようにして、持っても良いし、売っても良いし、どちらも選択できるという最強の状態を作るのです。

もちろん、初心者がこの通りに進めるのは、そんなに簡単にはいきません。しかし、最終的にはこれを目指していきましょう。

POINT

- 不動産投資の基本戦略は、長期保有よりも売却で含み益を現金化し、再投資をすることで事業規模の拡大を加速することができる。
- 一方、短期で売却できないリスクもあるため、長期保有できる物件も確保する。

05
目指すべきは、売買と賃貸のハイブリッド

▼大手不動産会社もやっている手法

ここまでお話したとおり、不動産投資でみなさんが目指すべきは、売買と賃貸のハイブリッドです。実はこれは大手不動産会社も両方やっている手法なのです。

たとえば、ビル経営会社はビルを建てて売ることもやっている一方、建てた後にそれを自社で保有して賃貸物件として運用し安定収入を稼いでいます。大きく稼ぐ売買と、安定収入の賃貸の両輪を持っている最強スタイルだと言えるでしょう。私たち投資家もそれを目指していくべきです。

図表８　売買と賃貸のハイブリッドをめざす！

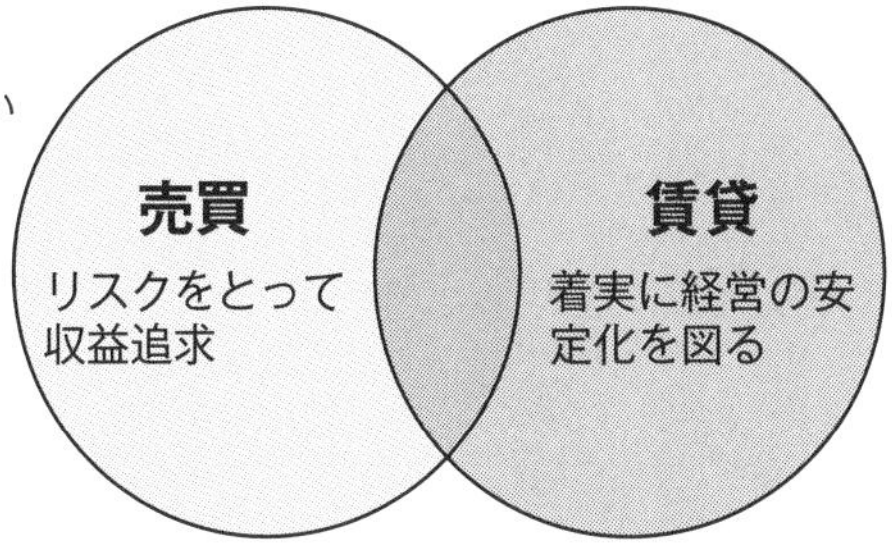
市況を見て利益追求
含み益を現金化し、再投資
相場に容易に左右されやすい
短期の融資でも可能
税金対策にも入替は必須
長期の融資が必要
金額は小さいが安定
金額が大きいが不定期
景気に左右されにくい

※注意点：修繕費などの経費見込み、融資条件を間違えると痛い！

▼稼ぎの売買と安定の賃貸

図表８に売買と賃貸のメリットとデメリットを並べました。売買は金額が大きいというメリットがある反面、相場に左右されやすく不安定であるというデメリットがあります。稼ぎは大きいですが、いつも上手くいくとは限りません。一方、賃貸は金額が小さいものの、毎月ちゃんと定期収入が入ってくるという安定感があります。

また、融資の面で言えば、売買は短期の融資が可能なので、「これは絶対高く売れる」という物件であれば、融資の条件がそんなに良くなくてもやれるという性質もあります。一方、賃貸は長期の融資が大前提になるので、会社員とか経営者という属性を使える立場の人にとっては有利なのでぜひ活かしたいところです。

注意点として、売買は金額が大きいため、物件の選定時に金額を間違えたら痛いです。2000万円稼ぐはずが2000万円損をしてしまうこともあるので、そこだけは気をつけないといけません。一方、賃貸は期間が長くなるので、修繕の経費や計画や融資条件をしっかりシミュレーションしておかないと、最初は良くても5年後、10年後に儲からなくなってくる可能性があるので、その辺が注意点です。

▼成功する事業家はハイブリッド志向

一般に会社を作る場合、スタート時点ではある程度リスクをとって、事業を拡大していく必要があります。そして、ある程度それで稼げるようになると、次に安定した収入が定期的に入ってくる状態が必要になってきます。

みなさんが事業として不動産投資をやる場合も同じで、最初にキャッシュを作って大きく回すことをする必要があります。最初から安定収入だけを求めてしまえば、その規模だけで終わってしまい、投資を大きくすることができなくなってしまうからです。
売買と賃貸はどちらも大事ですが、売買でまず利益を出しつつ、徐々に賃貸にシフトして安定収入を稼ぐという流れが一番理想的ではないかと思います。

＼POINT／

- **不動産投資は「売買」と「賃貸」の両方をハイブリッドで回していくことが理想である。**
- **初期の段階ではリスクを取って短期売買で稼ぐことも必要だが、拡大するにつれて賃貸で安定化させるのが望ましい。**

第4章

賃貸の収益計算と経営指標の使い方

01 買い付け金額は出口から逆算する

▼致命的ミスを回避するプロの目線

前章では、不動産業界の利益構造についてお話しました。様々なプロの不動産業者がどのように稼いでいるかをおわかりいただいたと思います。

最終的にプロ並の知識とノウハウを身につけなくては不動産投資では勝てないというのが私の持論ですので、本章でもプロのノウハウをご紹介したいと思います。特に組織で動いている不動産業者は個人投資家と違い、社内で様々な人間の目から見た物件の判断をするため、基準が厳しく大きな失敗をすることはほとんどありません。

ここでは業者から物件の紹介を受けた際に、自分で収支計算をし、買うかどうかの判断ができるようになることを目指します。

▼売買／開発は先に売値を決める

売買と土地から新築を建てる開発で稼ぐ人が案件に取り組むかどうかを決めるやり方は次のとおりです。

まず掛かる費用を試算します。開発であれば建築費、売買だったら仕入れの経費や登記費用、仲介手数料、税金などを計算します。

次に売値と利益を決めます。この物件を今市場に出したらいくらぐらいで売れそうか、自分たちは利益をいくら取りたいかを決めます。

プロの業者はこのように売却した場合の売値を先に決めてから、それに見合う買値の交渉をするという順番でやっています。開発の場合は、開発費が加わってくるだけなので、この土地に入る建物の大きさを大まかに想定してかかるコストを決めてから、これを市場に出したらいくらで売れるか、自分たちが取りたい利益はどのくらいかを決めます。そして、そのために土地をいくらで仕入れるか交渉するという順番です。

ただし、物件によっては買値が先に決まっている場合もあるため、その場合は仕入れの値段は動かせないという前提で経費を出して取り組むかどうかを決めることもあります。

▼賃貸はお金の出入りを先に考える

賃貸も基本的な考え方は売買と同じです。

物件を紹介されたら、まず周辺の家賃相場を調べて、この物件を買ったら売上げが年間いくらになるのか、運営経費はいくらかかるのか、今の自分の状況で銀行からどのような条件で融資を引けそうかを考えます。そうすると、必要なキャッシュフローが見えてきて、「いくらだったら買ってもいい」ということがわかります。つまり、入ってくるお金と出ていくお金を先に試算して、いくらだったら買うのかということを自分なりに計算をはじくという順番です。

▼業者の利益率

次にプロの業者がどのような利益率を目処にしてその案件に取り組むか取り組まないかを判断しているのかを説明します。

まず、転売のプロは利益率10％を目処にします。たとえば物件を1億円で仕入れたら1000万円の純利益を期待します。これに諸費用800万円を乗せて、1億1800万円で売るわけです。つまり、「この物件は1億1800万とか1億2000万ぐらいで売れるな」と思ったら1億円ぐらいで買い付けを入れるわけです。

マンションやアパートの開発をやっているプロは利益率を20％程度見ています。つまり、土地を仕入れて建物を建て、諸費用を含めて1億円で総工費ができるというアパートがあったら、1.2億円で売りに出したいわけです。都内だと大体利回り7％で売っていることが多いので、家賃収入から利回り7％で逆算して売却金額を想定し、自分たちの利益20％を差し引いてトータルの仕入れ値を決めるということです。建物の建築単価は決まっていますので、土地と建物で妥当な仕入価格になるように土地の仕入れを行うことになります。

\ POINT /

・プロの業者は、物件の持つポテンシャルをまず算出してから、実際の取引価格を導き出す。
・プロが用いる判断基準を応用すれば、投資で失敗する確率は低くなる。

02 不動産業者が使う投資判断の指標を知る

▼実質利回りで考えよう

ここでは、プロの業者が使っている投資の指標を紹介します。個人投資家の規模では必ずしも当てはまらないものもあるかもしれませんが、業者とのやりとりの中で、「この物件はＤＳＣＲが１・３％以上あるので大丈夫ですよ」などと言われることもありますので、その大まかな意味は理解しておきましょう。

①グロス利回り（表面利回り）

グロス利回りは、物件の販売広告や紹介サイトで用いられる利回りです。満室家賃を購入金額で割った単純なもので、現実的には年間の稼働率や運営経費がエリアや建物種別によってかなりばらつきがありますので、表面利回りだけで物件の良し悪しを判断することはできません。

②ネット利回り（実質利回り）

満室賃料から必ず発生する運営経費を引いて、それを「購入金額＋諸費用」で割った、投資金額に対する粗利を示す指標です。収益性を判断する場合はこちらを使います。ちなみに満室賃料から運営経費を引いたものをＮＯＩ（Net Operating Income）と言います。

③ＲＯＩ（Return on Investment）

投資効率、つまり投資したお金に対してどれだけリターン（利益）が戻ってきているか、何年で回収できるかを判断する際に使います。税引後キャッシュフローを投資額で割って算出します。自己資金をたくさん入れて買う場合に使われる指標で、フルローンで買った場合はあまり気にしなくていい指標です。

④DSCR（Debt Service Coverage Ratio）

年間返済額に対する純収入の割合、つまり満室家賃から運営経費を引いたＮＯＩを返済額で割って、どれくらい余裕があるのかを示します。通常は１・３以上が安全とされています。

指標は様々ありますが、あくまでも目安でしかありません。不動産は個々に特性が異なりますし、融資や税金も考えると投資家個々人の状況に適した物件とそうでない物件がありま す。最終的には、都度シミュレーションをしていくら収益が得られるのか、具体的な金額で考えるようにしてください。表面的な数字だけでわかったつもりになっていると、後々痛い目に遭う可能性が大です。

POINT

- 不動産投資には様々な指標があり、業者もよく使っているので、話を合わせられる程度の知識を持っておこう。
- 指標はあくまでも目安程度にとどめ、事業収支の最終判断は個別のシミュレーションに基づいて行うべきである。

03

物件情報を瞬時に見極めるポイント

▼最初のチェックポイントは「エリア、構造と築年数、店舗割合」

不動産業者から、電話やメールで入ってくる物件情報の中で、プロはどこをまずチェックするのでしょうか。

最重要ポイントは、エリア、構造と築年数、店舗割合の3つです。つまり、どこの物件なのか、構造は何か、耐用年数はどれぐらいあるのか、店舗の割合はどのくらいか、これらをチェックした結果、いけそうだという判断ができれば、資料を取り寄せてさらに検討するわけです。

価格は見なくて良いのか、と疑問に思う方もいらっしゃるかと思いますが、不動産における価格はあってないようなものなので、基本的にはこちらが買いたい価格を提示します。そのため、こちらの提示した価格で買えれば買いますし、折り合いがつかなければ買いません。まずは価格よりも買いたいかどうか、買いたいのならいくらなら買うのかを決めるのです。

①エリア

まず自分が狙っているエリア以外の情報が入ってきたら、それは検討から外します。物件を見ても時間の無駄になるからです。

②構造と築年数

構造や築年数に関して、まず耐震基準の強化がされた１９８１年（昭和56年）以前に建てられた物件情報が入ってきた場合、建物を解体して開発案件として買う場合を除き、検討価値はないと考えましょう。

③店舗割合

物件に占める店舗の割合があまりにも多いと、一般に融資が厳しくなってきます。したがって、店舗の収入と住居の収入がどれぐらいの比率なのかを調べ、取引している銀行がどの範囲であればOKかをつかんでおきましょう。ただし、店舗割合が50％以上となると、管理運営面が難しくなってくるので注意しましょう。

実際、店舗はプロにとっても難しい案件で、エリアや業態によって家賃の差が出てきます。その意味ではやはり住居系を選んだ方がいいでしょう。

▼詳細検討するならこの資料をもらう

前述したエリア、構造と築年数、築年数を検討した結果、興味を持てたら、詳細資料を取り寄せましょう。すなわち、レントロール、登記簿謄本、固定資産税評価証明書、修繕履歴です。以下のような詳細な調査を行います。

①レントロール

管理会社からの入金明細でもよいです。収入と運営コストをつかみます。家賃収入以外にもアンテナや自動販売機、逆に出費としてインターネット費用などがないかを正確に見ます。

②登記簿謄本

謄本を取り寄せて、現在の所有者が誰かを調べます。たとえば、現在の所有者が今年買っている業者であれば、転売目的だということがすぐわかります。つまり、業者として利益を取っていることになるので、値段がなかなか下がらないことが予想できます。もっとも、このような案件の場合、売れ残ったままだと業者も困るので、半年以上売れ残ったままであれば、指値で買える可能性もあります。

③固定資産税評価証明書

次に評価証明です。これは収支判断をするにあたって、税金の計算を行うために必要になります。

④修繕履歴

今までどのような工事を行っていたのかということを把握するための物件のカルテです。実際に物件を見に行って、何も修繕が施してなく、修繕履歴もないような物件は、買った際に修繕の予算を多少見ておかなければなりません。こうして、将来かかるであろう工事費を見ておくことによって、万が一のことがあった場合でも、その予算を充てればいいという考え方ができます。

修繕履歴がない物件の場合、最終的には実際に現地に行って判断するしかありません。ただし、外壁などのざっくりした雰囲気であれば、最近はグーグルのストリートビューを使ってある程度判断することも可能です。ある程度大きな建物の場合、法定点検を必ずやらなければならないので、それすらもやっていないということであれば、物件の管理体制がよくないと判断すべきでしょう。

詳細資料を確認して検討した結果、銀行評価が出そうだとか、ローンがつきやすそう、エリアが自分にピッタリという話であれば、現地に行って内見させてもらった方がいいでしょう。その際、親しい工事業者を連れていくことができれば、ざっくりとした修繕の概算見積もりを出してもらい、金額をはじくことができます。

「勉強すればするほど、物件を調べれば調べるほど、購入できなくなる」という意見をしばしば聞くのですが、このようにきちんと物件を精査し、的確なシミュレーションが作れるようになれば、興味を持った物件のほぼすべてに買付を入れることができるようになります。

要するに、こちらから買いたい価格を出すことができるようになるのです。

POINT

- 業者から物件情報をもらったら、真っ先にチェックすべきは、「エリア」「構造と築年数」「店舗割合」の３つである。
- 物件情報を精査できれば、ほぼすべての物件に値づけをすることができるため、買いつけをどんどん出せるようになる。

04

トータル収益を左右する3大要素(金利、減価償却、資産価値)

▼知らないと損をする金利と元金の話

収益不動産を購入する際に覚えておきたいのは、「金利」「減価償却」「資産価値」の3つです。

物件購入金額の大半を融資でまかなう前提で考えると、金利などの融資条件のちょっとした違いでキャッシュフローや税金の金額が大きく左右されます。また減価償却をどの程度とるかで毎年の不動産所得と売却時の譲渡所得に影響します。資産価値は言うまでもなく、出口の売却金額を想定する上で真っ先に考えるべきことですし、銀行へ次の融資を相談する際にも既存物件の担保価値が見られます。

そのため、融資ありきの不動産投資では、「金利」「減価償却」「資産価値」の3つをおろそかにしないでください。反対にこれらのポイントを押えておけば、大きく失敗することはありません。

そもそも不動産投資というのは、エリアにもよりますが、都市部であれば利回りと金利の間が大体5から7％ぐらいが安全圏だと言われています。投資ブームがはじまる前、地方は12～13％どころか、15～20％が当たり前だったのです。しかし、現在では地方でも10％を切っています。

ですので、投資理論から考えて無理があるのです。私たちはそのシステムだけを引き継いでしまっているため、フルローンやオーバーローン融資のスキームだけが残されてしまいました。結果的に、苦労している方がたくさんいます。

たとえば、地方のRC造、築30年、2億4000万円、表面利回り9％。こういった物件を銀行融資で買った人がいます。でも、やっぱりこれでは回りません。

借り換えするとなっても、1億5000万円ほどの評価しかつきません。買って3カ月後に債務超過が9000万円です。これをどうやって返していけばいいのでしょうか。

持ち続けるという選択はどうでしょうか。購入後数年はある程度キャッシュフローが得られるでしょうが、いずれはデットクロスが訪れ税金が上がっていくため、税引後の手残りはジワジワと低下していきます。最終的に税金を払うために持ち出しが発生するようになると、売却するか、破産するかしかなくなってしまいます。

このような事態がなぜ起こるかというと、まさに、金利と減価償却、資産価値を理解していないからです。

借入金の返済は元金部分と利息部分があるのはご存知かと思います。返済方法には元利均等返済と元金均等返済があり、元利均等では毎月の「返済額」が一定、元金均等では毎月の「元金部分」が一定です。

先に元金均等から説明すると、毎月一定の元金返済に加えて、借入金の残額に応じた利息支払いをします。元金部分は一定ですが利息部分は借入金の残額は減るにつれて小さくなっていきます。つまり、元金部分と利息部分を合計した返済額が小さくなっていくということです。

一方、元利均等では毎月の返済額が一定である代わりに、元金部分と利息部分の割合が変化していきます。昨今の不動産投資への融資は元利均等返済が主流ですが、前半は利息部分が大きく、後半になるにつれて元金部分が大きくなっていきます。そのため前半は借入金が減りにくく、後半になると返済が早まります。

そして問題なのは、利息部分と元金部分とで会計上、税務上の扱いが異なる点です。利息部分は銀行に支払うお金のレンタル料のようなものですから経費として計上できます。お金を支払って経費になるので特に違和感はないかと思います。一方の元金部分は経費になりません。実際に銀行へお金を支払うのに経費として計上できないので、元金返済が大きくなると税金面で不利になってしまうのです。

たとえば、毎年2000万円の家賃収入があり、1000万円の返済があった場合、差し引き1000万円が残ります。このとき返済額の1000万円のうち、利息部分が800万円、元金部分が200万円であったとしましょう。利息部分は経費に計上できますので、2000万円の売り上げから利息部分800万円を経費として差し引いて、1200万円が会計上の課税所得ということになります。おかしいと思いませんか？　実際に残るお金は1000万円なのに、課税所得は1200万円として確定申告をすることになるのです。

なぜ、元金部分が経費に計上されないかというと、元金を返済して借入金の残額が減った分、バランスシート上で負債が減ることになり、純資産が増えるからです。純資産は含み益ですから、現金が出て行って純資産に置き換わったと考えると損をしていないので経費にはできないということになります。

話を戻して、返済の後半は元金部分の割合が増えていきます。つまり、経費計上できる利息部分が減っていくので課税所得が増え税金も年々増えていきます。税引前のキャッシュフローは変わらなくても、税金は増えていくので確定申告後をして税金を払った手残りは減り続ける。これがデットクロスの仕組みです。

察しの良い方はおわかりでしょうか。「金利が低いことは必ずしもプラスではない」ということです。金利が低いということは、利息部分が小さく元金部分が大きいということです。借入金が早く減るというメリットはありますが、最初から課税所得、税金が高いということになります。

そういった金利の効果を踏まえて、その時々の状況に合った金利を選ばなければなりません。しかし、金利に対する理解がないと、結果的に破産するはめになってしまいます。

▼お金の出て行かない経費、減価償却

次は減価償却です。減価償却は見えない経費の代表格です。

そもそも減価償却とは、時間の経過や使用状況によって価値が減少する固定資産に対して適用されます。具体的には、取得費用をその耐用年数に応じて、費用として計上できるのです。

ちなみに、土地のように価値が変わらないものは減価償却できません。つまり、不動産投資において減価償却できるのは、建物だけとなります。

さらに建物においても、建物本体と設備部分とは、別々に計算します。ただし、中古物件の場合には、本体と設備との区別が難しい場合があるため、設備を本体に組み込んで計算する場合もあります。

減価償却費の計算方法は、「取得価格×償却率（耐用年数による）」となります。法定耐用年数は次のとおりです。

軽量鉄骨造	19年
木造造	22年
鉄骨造	34年
鉄筋コンクリート造	47年

また、設備の耐用年数は種類によって異なります。たとえば、給排水・衛生設備、ガス設備などは15年と定められています。

たとえば、価格3億円、築20年、木造の物件があったとしましょう。そのうち、建物と土地がどのような割合になっているかによって、経費にできる額も変わります。

建物が7（2億1000万円）で土地が3（9000万円）だとした場合、2億1000万円が減価償却として経費になります。さらに本体が7（1億4700万円）、設備が3（6300万円）と区分するとします。

残存耐用年数は、本体部分が「木造22年×（経過年数20年×0・8）」となり6年。つまり、年間で2450万円（2億1000万円÷6年）が建物の減価償却費となります。

設備部分は耐用年数（15年）を経過しているので「15年×0・2」となり3年。つまり、年間で2100万円（1億4700万円÷3年）が減価償却費となるのです。

本体と設備を加えれば、年間で最高4550万円も経費として算入することができるのです。

では、同じ価格でも、建物が5（1億5000万円）で土地も5（1億5000万円）だった場合にはどうなるでしょうか。

土地は減価償却できないので、減価償却の対象となるのは１億５０００万円のみです。さらに、本体が７（１億５０００万円）、設備が３（４５００万円）とすると、建物の減価償却費は年間１７５０万円（１億５０００万円÷６）、設備の減価償却費は年間１５００万円（４５００万円÷３）となり、トータルで年間３２５０万円しか経費に参入できないのです。

建物と土地の割合が異なるだけで、年間１０００万円以上も経費が変わってくる。これが減価償却というものの性質なのです。

また減価償却は、購入時の最初の確定申告の際、売り主と買い主による双方の合意によって決められます。評価証明で按分する方も多いのですが、実は、合意によって変更してもいいのです。

減価償却を上手に調節することによって、デットクロスの到来を先延ばしにすることも可能です。そのようなテクニックを知らないまま不動産投資をしていると、結果的に損をしてしまう可能性もあります。

減価償却の代表例でいうと、わかりやすいのがクルマです。会社の社長さんは、みんなベンツに乗っていますよね。別にベンツが好きだから買っているわけではありません。減価償却を使うためにを買っているのです。

たとえば、1000万円の利益があった場合、法人税が40％なので、400万円ほどの税金が取られます。しかし、1000万円のベンツを買っておけば、4年落ちだと約1年で償却できるので、1000万円を経費で落とせてしまうのです。そのようにして節税します。

そして、会社が赤字のとき、あるいはお金が欲しいときにベンツを売却します。そして利益として出す。とくにベンツは値崩れしにくいために、多くの社長さんはベンツを買うというわけです。

不動産も同じです。減価償却をうまく活用しつつ、税金をコントロールすることで、上手に勝つことができるようになります。

▼最後に残るのは土地の価値

3つ目は資産価値についてです。

地方は土地の評価が小さいのが特徴です。その分、建物によって減価償却することはできるのですが、建物の評価はいずれ低下していくものです。年数に応じて落ち続けます。

一方で、都市部は、土地の値段が高いです。建物の値段が下がったとしても、土地分の価値が変わらずに残るため、売却する際のメリットが大きいのです。

とくに木造の場合、土地値以下の物件が意外にあります。こういった物件は、利回りだけをチェックしていては見つかりません。シロウト投資家の方は、なかなか見つけられないと思います。

もし、都市部で土地値以下の不動産を見つけることができたらどうなるか。元金の返済が進んだ分、それがすべて利益になります。だから都心がオススメなのです。

このように、土地と建物をトータルで不動産投資を考えることです。それが資産価値という考え方です。土地と建物の性質、そして地方と都市部との差を考えれば、どちらが投資先として優れているかは一目瞭然です。

同じ関東圏でも、首都圏以外はこれから厳しい状況が続くと予想されます。大雑把に言うと国道16号線の内側です。関東でさえ場所によっては土地を無料でもらって建物を建てても、赤字になってしまうところもあるほどです。それほど地方は厳しいのが実情です。

しかも、将来的に売れそうにありません。持っていても赤字になってしまいます。それでは、とても投資などできません。２０２０年に開催される東京オリンピックも、開催地は東京です。その影響が日本全国に及ぶとは考えにくいのです。

こと不動産投資、とくに資産価値の観点から考えれば、都市部以外の物件はお勧めできません。資産価値を見る上での一つの指標として固定資産評価があります。しかし、そこでは都市部よりも地方の方が有利に見えるのはなぜでしょうか。それは国と銀行の都合です。本来であれば固定資産評価と実勢価格は連動していなければならないのですが、都市部と地方の実勢価格の乖離が激しくなかった昔の評価がそのまま残ってしまっているのです。

そのため、今このタイミングで固定資産評価と実勢価格を同じにしてしまえば、銀行は土地に担保をつけてお金を貸しているため、地方物件はすべて不良債権化してしまいます。その結果、評価額が実勢価格を上回っているのです。

一方で、都心は逆です。評価額よりも実勢価格が上回っています。これから先、さらに上がることが予想されます。また、相対的に見て、税金が安いというのも都市部の特徴です。

これを逆に活用したのがタワーマンション節税です。実勢の価格と固定資産の評価との乖離を利用し、相続税などを圧縮するのです。要するに、実勢価格が1億円、評価額は2000万円のタワーマンションを購入することにより、そのタワーマンションを相続すれば単純計算で税金は5分の1になります。

POINT

- 収益不動産を購入する場合のポイントは、「金利」「減価償却」「資産価値」の３つである。
- 資産価値の高い都市部、特に首都圏においては、実勢価格と評価額の乖離が激しく、相対的に税金も安いという特徴がある。

第5章

ゼロから専業レベルへの理想的な拡大シナリオ

01

今の市況は買い時ではない？

▼不動産バブル再来？

いま巷では、「不動産バブルの再来」と言われています。たしかに、東京都心部のオフィス街あたりでは、リーマン・ショック後、かなりの勢いで価格が上昇しています。

しかし、これをバブルと呼んでいいのかどうかは疑問です。なぜなら、居住用の賃料に関してはそれほど値上がりしていないからです。すでに不動産投資を実践している方ならおわかりかと思います。

一方、金利は下がっています。融資の返済負担がこれ以上軽くなることは考えにくい。そう考えると、現在は不動産投資を行うには非常に良い環境になっていると言えそうです。勝負できる環境が整っているのです。

物件の価値さえ見極めることができれば、いつでも参入していい状態です。

また本書では都市部が有利だと述べていますが、あくまでも「現在では」という意味です。今後再び地方の物件が割安になればいいのですが、現在は高すぎるのが実情です。その一方で都心の物件は、まだまだ上がる余地があります。転売もしやすいのです。

また、物件そのものに関して言えば、新築であれば木造やＳ造、中古であればＲＣが狙い目です。

▼不動産に定価はない

不動産投資のコツは、優良物件を安く購入することです。しかし、そのような物件を安く購入するのは簡単ではありません。そのように考えている人は多いでしょう。

ただ、不動産のいいところは「価格が決まっていない」ことです。他の金融商品であれば、価格が明確に決まっています。しかし、不動産は、相場があるだけで、詳細価格は取引を行う当人同士が決められるのです。

つまり、不動産は、売り主の言い値で売買することが可能ということです。たとえ相場が1億円であったとしても、交渉次第で1億2000万円で売却することができます。もちろん、銀行がどこまで融資してくれるのかはわかりませんが。

また、売り主の状況によっては、安く売ってもらえることもあります。たとえば、決算が迫っていて、利益を出すために早く売却したいなどの事情がある場合、あるいは、他の債務を履行するために所有する物件を処分しなければならない場合などです。相続で不動産を引き継いだ方が「不動産は不要なので」と処分したいというケースもあるかもしれません。

そのような場合、相場に関係なく、物件を安く購入することは可能です。また、優良物件であれば短期売買もできるので、早期に現金を手に入れることもできるのです。

事実、物件の短期転売は難しくありません。私はお客様の物件を2~3年で一回転させていますが、利益率はおおむね20~30%とれています。つまり1億円の物件でも2000~3000万円ほど抜ける計算になるのです。

シロウト投資家は、販売業者から紹介された物件を、勢いのみで購入してしまいます。その結果として、セミプロ投資家や業者が大きく儲けています。短期売買ができているのは、シロウト投資家のおかげであるとも言えるかもしれません。

▼グレーな手法は両刃の剣

そもそも不動産投資は、ちゃんとやれば誰でも稼げるものです。そのために必要なのは、手順を踏んで良好なバランスシートを構築していくことです。銀行からの融資に着目し、好かれるような状態を構築しておくことなのです。

なかには、「一物件一法人」「一銀行一法人」という方針で不動産投資をしている人もいます。そうすることで、個々のバランスシートごとに銀行に融資の是非を判断してもらっているのです。

ただし、「一物件一法人」の場合、損益通算ができなくなってしまうというデメリットもあり、現実問題として複数法人の管理運営は簡単なことではありません。

また、銀行に隠してこのような方法をとることは極めてリスクが高いことを肝に銘じてください。銀行に対しては自身の資産状況をすべて出すことが条件となっているため、発覚した場合には当然に信用を失い、期限の利益を喪失し、一括返済を求められる可能性も大いにあります。

\ POINT /

・不動産価格は上がっているがバブルというほどではなく、融資動向を考えると参入しやすい環境、ただしグレーな手法には要注意。
・不動産は相対取引のため定価がない。どんな時代でも安く買うチャンスはある。

02
数億円の差がつく、シロウトとセミプロの投資戦略

▼そもそも自己資金は必要なのか

いざ、戦略を立てるとした場合、「そもそも自己資金はどれくらい必要なのか」「フルローンで買い続けたい」といった資金面のことをお考えになるかと思います。自己資金を用意するのかしないのかによって、戦略の立て方は大きく異なります。

結論から申し上げると、不動産を買い続けるために自己資金は必須です。当たり前の話で恐縮ですが、はじめから豊富な自己資金があれば、さほど苦労することなく不動産投資で成功をおさめることが可能です。

なぜなら、値下がりしない売却しやすい不動産ほど、実勢価格と銀行評価額の乖離が大き

いからです。自己資金を投入して、バランスシートの純資産をプラスにしておくことで継続的に銀行融資を受けることができるようになります。

▼賢い人は「頭金1割」以上

まだ1棟も持っていない方、これから不動産投資をはじめる方の中で、潤沢な自己資金を持っていない方は、まずは短期の保有、転売を繰り返し、2000〜3000万円を作ることから始めます。そのお金で法人を設立します。

この段階においては、バランスシートをそれほど気にする必要はありません。スタートダッシュのためのエンジンとして、まずは資金を獲得しておくことを最大の目標にしてください。

物件を継続的に購入するためには、自己資金が必要です。次の段階では、自己資金を少なくとも1割程度は入れて資産性の高い物件を保有します。そこであらためて、融資を引きやすくするためにバランスシートに気を使うようにしてください。それが不動産投資の基本です。

誰しも、バランスシートが悪い相手に対して、お金を融資したいとは思いません。とくに銀行は、バランスシートの状態に対してシビアです。だから純資産としての現金が必要となるのです。

「最初は現金がないから」と、地方物件に手を出してしまえば、そこで短期売買ができなくなってしまいます。その結果、バランスシートが悪化し、銀行からの継続的な融資が難しくなり、不動産投資で稼げなくなる。まさに悪循環です。

▼銀行が融資をしたくなる「超優良」法人を作る

初期の段階で現金をつくる。その現金を使って法人を設立する。すでに2000～3000万円の現金を持っている人は最初から法人をつくってもいいでしょう。その資金を投入しつつ、金融機関からも同額程度の2000～3000万円ほど借りて資産性の高い物件を買う。頭金5割ですね。

そうすると最初からバランスシートがいい会社ができあがります。もちろん、収入もキャッシュフローも良好な状態です。お金も貯まっていきます。純資産も豊富です。そういった法人に対しては、銀行も喜んでお金を貸してくれます。

あとは、徐々に収益を大きくしていきます。規模が大きくなったら、最初に買った物件をまた入れ替えていきます。どんどん入れ替えていくのです。このような状態を構築できれば、事業として成立しています。規模が大きくなれば、会社勤めの方は会社を辞めてもいいでしょう。

しかし、この状態に到達する前に会社を辞めてはいけません。「早く会社を辞めて不動産投資で生活していきたい」と考えている人もいるかもしれませんが、収益をあげられる環境を構築せずに会社を辞めてしまえば、ただの無職になってしまいます。無職の借金持ちに対して、銀行は融資してくれません。手持ちの資金が減り、状況は悪化する一方です。

法人をつくり、会社経営として不動産投資を行えば、多額の借り入れも可能です。事業主としてお金を借りることで、アパートローンとは比べものにならない額の融資が受けられるのです。ここまでくれば、事業として成り立ちます。その状態を目指しましょう。

目安として、早ければ4~5年でこうした状況を構築することができます。2~3年で現金3000~5000万円をつくることも夢ではないのです。私たちプロは、そのような運用を当然のごとく行っています。ぜひあなたも、セミプロ投資家になってください。

＼POINT／

・自己資金を入れるほど、その後の投資戦略が極めて有利になっていく。
・収益も資産もプラスの優良法人を作って、事業単独で融資が受けられる状態を目指す。

03 健全な財務が不動産投資成功のカギ

▼銀行は「バランスシート」を見ている

不動産投資を実践するにあたって、「バランスシート（B／S）」の考え方は重要です。

バランスシートとは、資産と負債を記載したものです。1億円の物件を1億円のローンで買えば、資産と負債がともに1億円。これがフルローンの状態です。

もし、オーバーローンを組むとどうなるでしょうか。オーバーローンでは、隠れた負債が存在していることになります。1億円の融資に対して、物件価格は9000万円、1000万円はオーバーローンの状態です。1000万円は隠れた負債になっています。

しかし、銀行によっては、隠れた負債を資産として取り扱っているところがあるのです。

本来は負債であるのにも関わらず、資産として判断する。その結果、自分の資産がどのくらいあるのかを勘違いしてしまう。そのような事態も起こりえます。

たとえば、バランスシートで考えたとき、資産と負債がともに１００だと思っていたのに、違う銀行に行ってみると負債が１００なのに対して資産が50と評価されてしまうのです。そうなると、債務オーバーになりますので、自己資金がなければ次の融資を受けられません。

どの銀行の判断が正しいということはありません。しかし、このようなバランスシートの基本的な考え方を理解しておかなければ、結果的に不動産投資が行き詰まってしまいます。不動産投資は継続することによって収益をあげていくビジネスです。継続できなければ、次の物件を購入することも、収益を高めていくこともできないのです。

実は、不動産投資に取り組んでいる方の9割は、このようなバランスシートの考え方を知らないために、次の物件が買えなくなっているのです。

▼地方高積算物件のトラップ

フルローンを受けたいがために銀行評価の高い物件を狙っていくと、おのずと地方に目が行くと思います。実際、数字的に見てみると、地方の方が銀行評価に近い物件が多いのです。なぜでしょうか。

たとえば、都心の物件で固定資産税評価証明をとってみると、1億円の物件でも5000万円ほどの評価しか出ないこともあります。

一方で、地方の物件はどうでしょうか。地方の場合、一部の銀行の評価額よりも実勢価格の相場が安い傾向にあります。その結果、フルローン、オーバーローンにあまりこだわると、地方の物件しか買えなくなってしまうのです。これが地方物件の売れている1つの要因とも言えるでしょう。しかし、いくら銀行の評価が出るからと言って、前述した地方物件のリスクをカバーできるかというと話は別です。実勢価格との乖離があるため、買ったは良いが売れないのです。投資は売却して初めて利益が確定できます。売れない物件は資産ではなくただの負債なのです。

では、どうすれば都心の物件を購入することができるのでしょうか。現金を用意することです。通常、不動産の購入には3割の自己資金が必要だと言われています。3割は難しくてもせめて1割は頭金を入れるのが望ましいです。

なぜ自己資金が必要なのかというと、すでに述べたとおりバランスシートが悪くなってしまうからです。バランスシートを良好な状態に保つために、自己資金が必要になるのです。

▼継続的に融資を受けられる人

昔からの地主や富裕層がどういう買い方をしているのかと言うと、基本的に、固定資産税評価額以上の借り入れをしません。はみ出した部分については、自己資金を入れているのです。そうすると、バランスシートが常に良好な状態になります。その結果、継続的に融資を受けられるのです。

このように、バランスシートを良好な状態にしておけば、リーマン・ショックやオリンピック景気後の下降期でも問題ありません。なぜなら、たとえ実勢価格の相場が下がったとしても、評価額はそれほど下がらないからです。つまり、常に純資産がプラスなので借り入れが可能となるのです。

これから不動産投資を行う方は、まず、このスタートに立ちましょう。この状況をつくることが、戦略的に不動産投資を成功させるということなのです。

いずれにしても、まずは現金が必要です。そこで都心の物件を短期で転売していきます。

その後は拡大していくために、自己資金を入れて高積算物件を購入し、さらには入れ替えを行っていきます。そのような戦略を個々人で構築していくことが、不動産投資なのです。

POINT

- 銀行は融資の継続にあたって、バランスシート（B／S）を重視する。
- 地方は銀行評価が出やすい物件が多いが、高値づかみになる可能性が大きいので要注意。

04 ゼロから本業レベルへの3ステップ

▼ゴールからの逆算で成功する

では、不動産投資を成功させるには、どのようなステップで進めていけばいいのでしょうか。

きっかけや動機は様々あるかと思います。本業の収入のバックアップとしてかもしれませんし、専業大家になりたいというお考えかもしれませんね。いずれにしても不動産投資をビジネスとして考えれば、本業の収入や信用に頼らず、事業単体で融資を受けて拡大できるレベルになることがひとつのゴールになるでしょう。

さらに具体的にするためには、目的を明確にすることです。何のためにいくら欲しいのか

図表9　正しい行動を導く戦略

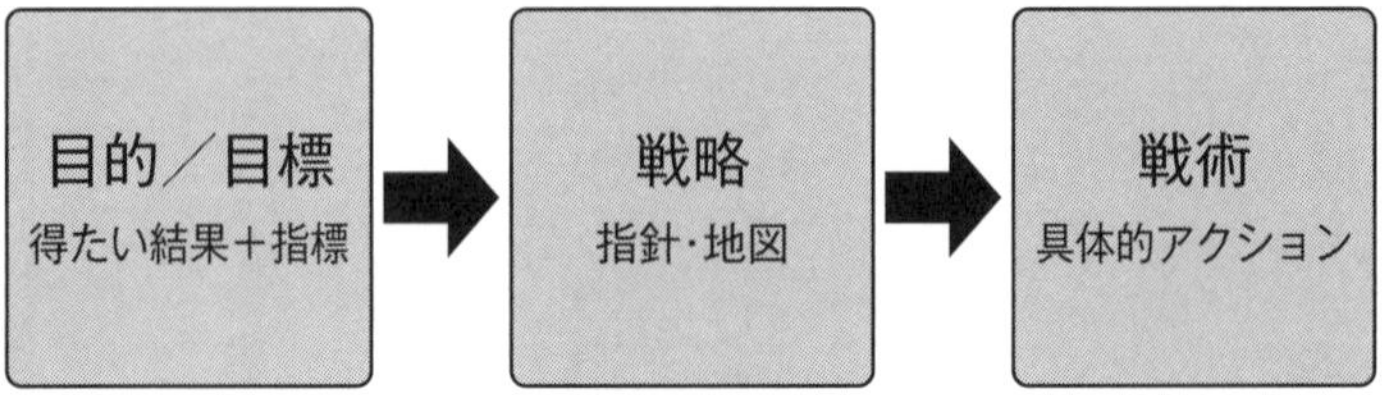

を決めて、目標値を設定します。そのうえで、どういう状況になっていなければいけないのかを逆算するのです（図表9）。

たとえば、税引後の利益として1500万円を稼ぐには、7〜8億円分の物件を保有しながら、長期的には物件の入れ替えを継続的にしていくことが必要になります。これは決して簡単なことではありません。そのためには、財務3表（CF、P／L、B／S）の理解も必要ですし、事業計画もつくれなければなりません。

あとは自分の状況に応じて、次にどんな物件を買えばいいのか、次はどの物件を売ればいいかと考えていきます。経理や確定申告も最初は自分でやってみてください。おのずと数字にも強くなります。

そして、どんどん売って買って、物件の入れ替えをしながら拡大していきます。不動産投資とはつまり、そのような一連の流れを愚直に行うことなのです。

よく巷で言われているような、「10億円の物件を一気に買って早期リタイアできる」というのは、まったくのウソです。そんなことできるはずがありません。債務超過の借金持ちになるのが関の山です。そこで退職したら、本当の無職になってしまいます。

会社を辞めるのは、不動産投資が事業として成立してからで遅くありません。どのような状態になれば早期リタイアできるのかを、シビアに考えておくことが大切です。

将来のリスクに備えて、不動産投資をはじめようと考えている方もいるでしょう。しかし、たとえそうだとしても、いや、そうであるならなおのこと、会社を辞めてはいけません。

戦略とはつまり、リスクに対応することです。そして、その場合のリスクとは、不動産投資だけのものではなく、人生のリスクに対応することでもあるのです。

▼転売でキャッシュをつくれ！

次に、具体的な拡大のシナリオをご紹介します。

図表10 「第二の本業」への3ステップ

ステージ1 **キャッシュを作る**
➡都心割安物件を短期転売、自己資本増強する

ステージ2 **買い増す**
➡高積算物件に自己資金を入れてB/Sをキープ
➡銀行に好まれる優良法人設立

ステージ3 **入れ替えながら拡大する**
➡築浅・大型物件へシフト
➡B/Sはプラス、CF>課税所得を保ちつつCF拡大

ポイントは、「どうすれば、事業単体として継続的に拡大していけるのか」ということです。

スタート時における基本的な戦略は次の3つです（図表10）。

①ステージ1　キャッシュを作る

・割安物件を短期転売、自己資本増強

②ステージ2　買い増す

・資産性の高い物件に自己資金を入れてバランスシートをキープ

・銀行に好まれる優良法人を設立

③ステージ3　入替えながら拡大する

・築浅・大型物件へシフト

・B／Sプラス、キャッシュフロー∨課税所得を保ちつつキャッシュフロー拡大

ご自身がどのステージからスタートすべきか、考えてみてください。自己資金が不十分な人がステージ1からのスタートになります。都心の物件なら短期で転売することも可能ですし、それなりの利益も得られます。自己資金がないなら不動産で自己資金を作ろうという発想です。

かつては地方の物件でも、短期の転売が可能でした。なにより高利回りの物件がたくさん存在していたため、売却をしなくともキャッシュフローが多く、どんどんお金が貯まっていくのです。しかし現在では、そのような物件はほとんどありません。20％近い利回りの物件が今はほとんど見られず、10％前後が関の山です。それでは短期で転売して利益をあげることはできませんし、保有していてもお金が貯まりません。

キャッシュ（自己資金）をつくるのは最初のステップ、要するに準備段階です。狙うべきは売却可能な都市部の物件です。出口の見込めない地方物件に手を出さないように注意してください。

シロウト投資家の多くは、この準備段階でつまずいてしまっています。利回りの低い物件

に手を出してしまい、その後の投資ができなくなってしまうのです。銀行からの融資にも限度があります。継続的に利益をあげていかなければ、継続的な融資もしてもらえないのです。

ステージ1でキャッシュを作った人、もしくは最初から2000〜3000万円の現金を投入することができる人は、自己資金を入れて「持っても良し、売っても良し」の物件を購入します。自己資金を入れることで実勢価格と銀行評価の乖離を埋めて、バランスシートをプラスに保ちます。それが銀行に好まれる優良法人になります。実はここからが本来の不動産投資のスタートなのです。

不動産投資のファーストステップは現金づくりです。その次に、自己資金を入れて高積算物件を保有します。そう覚えておいてください。

▼物件を入れ替えながら拡大する

ステージ3ではステージ2までの保有物件を売却しつつ、より規模の大きい築浅RCを中心に購入し拡大して行きます。

不動産の価値は、どんな物件でも基本的に右肩下がりですので、入替えは必須です。だからこそ、事業法人や大手のファンドでもおおむね5年に1回、物件の売却と購入を繰り返しています。

特に個人の場合は5年を過ぎると、税金が倍変わります。具体的には、短期譲渡所得（5年以下）で39％。長期譲渡所得（5年超）で20％となります。

そのため、5年程度に1回のペースで入れ替えて、おいしいところだけ取っていく。それが不動産投資の醍醐味です。収入を得て、税金をなるべく払わずに回していくのです。

この段階において、7～8棟の物件（1棟1億円として7～8億円）を回し続ければ、安定して1500万円ほどの収入が得られます。加えて数年間保有した物件の売却による収入もありますので次への投資もすることができます。ステージ3は保有物件が数棟あることが前提になりますので、資金がある方でもこのレベルに達するには多少期間が必要です。

そのうえで、銀行評価、いわゆる積算を気にしながら買っていきます。積算を重要視する人のことを「積算至上主義者」と言いますが、こと不動産においては積算至上主義でいいのです。なぜなら、積算が悪くなると銀行からの借り入れが難しくなるためです。

繰り返しになりますが、自己資金があまりない方は、まずお金をつくることを目指しましょう。そのため、キャッシュフローが重要なのは当然なのですが、それよりも短期の転売でも利益が出せることを重視し、購入していきます。それが基本的な戦略となります。

POINT

- 不動産投資では、「一度物件を買ったら、あとは安定収入」はありえない。入替えながらの拡大が必須。
- 自己資金が不十分な人は、「安く買って、高く売る」ことでキャッシュを作る。

第6章

専業大家を目指すなら「財務3表」を学べ

01

事業戦略は「財務3表」で考える

▼シロウトはこづかい帳、セミプロは財務3表

不動産投資のゴールを設定するには何が必要でしょうか。

それは財務3表、つまり「収支計算書（CF）」「損益計算書（P／L）」「資産残高表（B／S）の3つです。これらを駆使しなければ戦略が立てられません（図表11）。

なぜなら、本書で繰り返しお伝えしているのは、「不動産投資＝事業」という考え方です。事業を行っている会社の経営者が、もし財務3表の読み方を知らなければ、どうなるでしょうか。仮に売上げがどんどん立っていても、肝心の現金が残らなければ、事業はストップします。あるいはキャッシュフロー以上に税金がかかれば、いわゆる「黒字倒産」になります。

図表11　「第二の本業」をめざすためのゴール

CF	本業相当である。収入アップが大前提であり、拡大の原資としても必須。
B/S	プラスである。常に新規融資を受けられる状態にしておくことで、拡大・入れ替えに対応。
P/L	デッドクロスが来る前に入れ替え、CF＞課税所得をキープしている。

また資産残高についても、資産から負債を差し引いてある程度の純資産がなければ銀行からの融資も継続してもらえなくなります。

逆に、経営が安定している会社の経営者は、自身が財務に強かったり、財務のプロを社内に抱えて、お金の管理を上手に行っています。

一般のサラリーマンの方ですと、財務や経理部門で働いていたり、取引先の財務状況を分析するなどの仕事をしていない限り、財務3表を日常的に目にする機会はないでしょうし、また内容を読める必要はなかったかもしれません。

だから、「不動産投資には財務3表の理解が必須」と言われても、すぐには理解できないかもしれませんし、「ハードルが高い」「難しい」と感じるかと思います。実際、巷で不動産投資セミナーを開催している業者やコンサルタントで、このことを主張している方を私はほとんど見たことはないですし、当の業者やコンサルタントでさえも財務3表の重要性や使い方をちゃんと理解している方もほとんどいないのではないかと思っています。しかし、事業として不動産投資を行っているみなさんもまた財務3表に強くなければならないのです。

キャッシュフロー（CF）とB／SとP／L。これらを完璧に理解できている方はあまりいません。だから戦略が立てられなくて、今自分がどういう状況にいるかというのがわからないのです。

▼財務3表で見る3ステップ

キャッシュフローとは、収入から支出を引いた純粋の手残りのお金のことです。B／Sは資産の状況、つまり資産と負債のバランスを示します。P／Lは損益計算なので見えない経費である減価償却や金利などを計算して損益を出すものです。それに対して税金がかかります。

第5章でお話ししたゼロから本業レベルまでの3ステップを財務3表に置き換えてみまし

ょう。

ステージ１（キャッシュを作る）では、割安物件を短期転売、自己資本増強とあります。短期転売ですのでＣＦは物件の売買でお金が出入りします。売却金額から仕入れ金額、経費や税金を引いた額が残るイメージです。Ｐ／Ｌでは売却益に対する税金が決まります。Ｂ／Ｓでは売却の手残り分が現金資産として増えます。

ステージ２（買い増す）では、現金を入れて物件を買って保有します。融資も受けます。そうするとＣＦは物件の購入等でお金が出たあと、賃貸収入が入ります。家賃から銀行返済や運営経費、税金を引いた額が残るイメージです。Ｐ／Ｌでは賃貸の収益に経費や減価償却を計算して税金が決まります。Ｂ／Ｓでは現金資産のうち自己資金分が減って、代わりに不動産資産が増えます。不動産資産は減価償却とともに価値が減っていきます。また借入をした分の負債もありますが、こちらは元金の返済とともに減っていきます。さらに賃貸の手残り分が現金資産として増えます。

ステージ３（入れ替えながら拡大する）では、物件の売買と賃貸のどちらも取引があります。売却益と賃貸の収益の金額がさらに大きくなりますが、ステージ１と２を合わせたようなイメージです。ＣＦは物件の売買でお金が出入りする一方で、賃貸収入も入ります。売却

図表12　基本戦略を財務3表の変化で見る

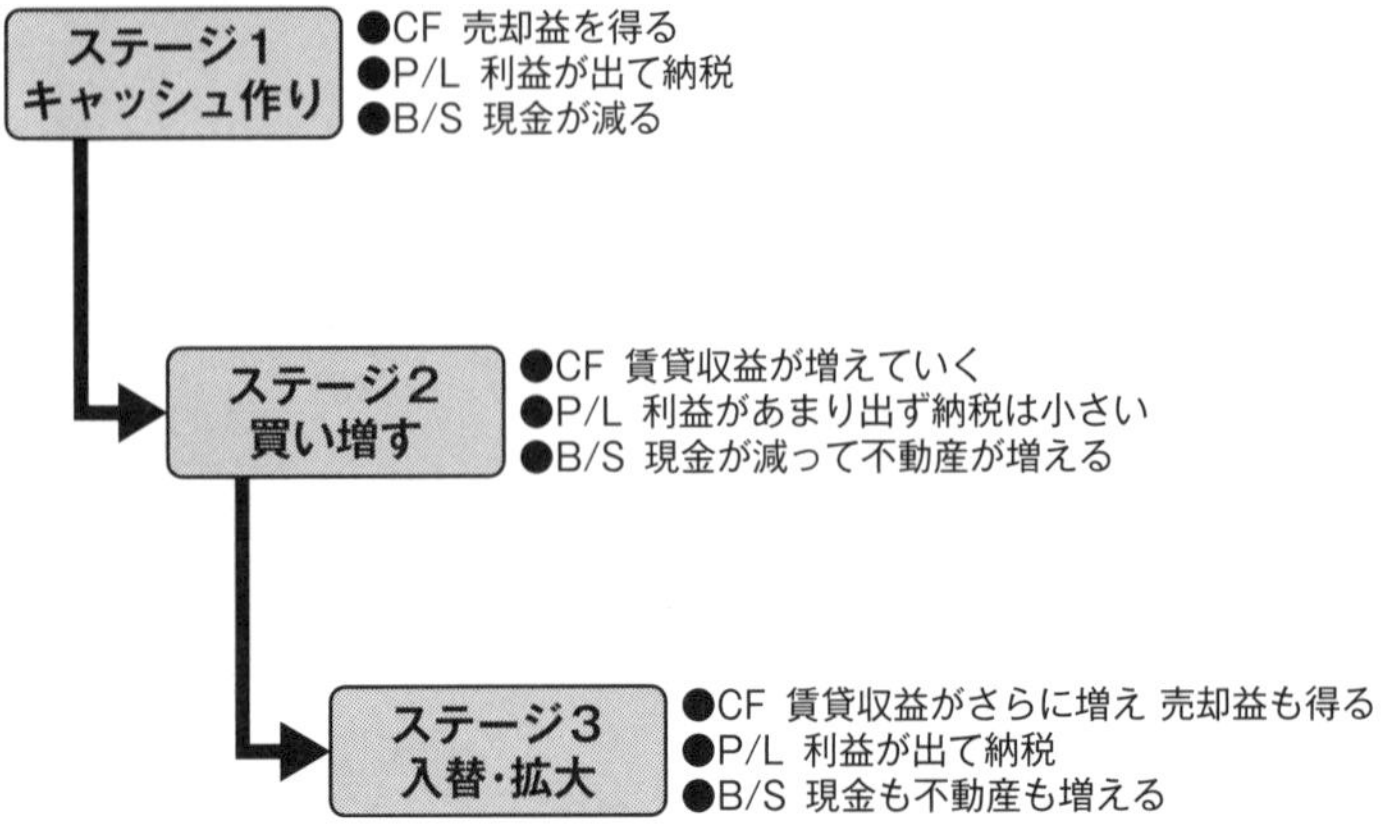

金額から購入金額や経費や引いた額、家賃から銀行返済や運営経費、税金を引いた額が残ることになります。P／Lでは売却益と賃貸の収益に対する税金が決まります。もちろん減価償却も計算します。B／Sでは売却と賃貸の手残り分が現金資産として増え、物件の入れ替えで不動産資産が増減します。銀行融資の借入残高が負債ですが、こちらも物件の入れ替えに伴う返済や新規の借り入れで増減します。

図表12を見ていただくと、ステージごとの大まかな変化がわかるかと思います。本来は数字や図を使ってもっと丁寧に説明をしたいところなのですが、紙面の都合上このあたりにして、詳しくは会計の専門書に譲りたいと思います。

第5章で述べたゴールの例として、自己資金を1割程度入れてバランスシートをプラスに保ちながら7～8棟を保有して年間1棟入れ替える、というものがありましたが、この状態を財務3表で理解できるようになることが、セミプロ投資家、経営者への道だとご理解ください。

POINT

- 不動産投資もビジネスであるので、「財務３表」の正しい理解が不可欠である。
- 事業戦略や目標値「財務３表」に置き換えることで、経営の状態として具体的に考えることができる

02

財務3表でお金の流れと状態を管理する

▼不動産投資でも財務3表は必須

財務3表は、本来、企業の経営状態を知るためのツールです。
そして、不動産投資も企業と同様です。
銀行も財務3表の内容で、融資の可否を判断します。
つまり、不動産事業を拡大したければ、財務3表のマスターは必須なのです。
財務3表とは次の3つの総称です。

①収支計算書（CF）

図表13　財務3表

❶CF（収支計算書）……「現金の出入り」を表わす表
➡いくら自己資金を投入できるのか、それとも温存するのかを考えるツール。

❷P/L（損益計算書）……「正しい利益」を計算する表
➡「本当の利益」を把握するツール。CFの残高とは異なるので注意。

❸B/S（資産残高一覧表）……財産（資産・負債）の残高を表わす表
➡自己資本比率がどれくらいであるかを把握。負債なのか純資産なのか。

つまり。「事業・ビジネス」である不動産投資には、現状把握と分析のために、財務３表の理解が不可欠！

②損益計算書（P／L）
③資産残高表（B／S）

なんで3つも必要なのかというと、それぞれ役割が違うからです（図表13）。
まずは財務3表それぞれの概略を説明します。

▼収支計算書

企業会計では、キャッシュフロー計算書と呼ばれているものです。簡単に言えば、小遣い帳のようなもので、現金（キャッシュ）の出入りを見ます。
この計算書の収支がマイナスになっているということは、現金持ち出し状態に陥っていることを意味しますので、これが続くと現金が底をつくことになります。

「自分は大丈夫。キャッシュフローならちゃんと計算しているし、いつもプラスだから」と思ったあなたももう少しおつきあいください。

巷の大家さんブログなど見ると、キャッシュフローを「家賃収入－返済額＝キャッシュフロー」などと定義していたりして驚くことがあります。

なぜなら、実際に次の投資に使えるお金は税引後のキャッシュフローだからです。つまり、税金を考慮に入れていない人が時々いるのです。

▼損益計算書

損益計算書は、売上、経費、利益、税金を計算するための表です。英語名（Profit & Loss Statement）を略して、P／Lとも言います。

P／Lとキャッシュフローの利益は異なります。なぜなら、実際のお金の動きと企業の儲けの捉え方は違っているからです。

たとえば、実際にお金は出て行くのに経費にできないものがあります。逆に、お金は出ていかないのに経費にできるものもあります。

損益を計算するということは、最終的に納税額が決まるからです。

フルローンに近い融資を受けて収益不動産を購入すると、初めのうちは所得税はほとんどかかりません。しかし、保有期間が長くなるほど税金が重くなっていくのが不動産投資の落とし穴です。

したがって、税額が今後どのように変化するかを把握しておかないと大変なことになります。最悪の場合、「納税するためのお金がない！　↓黒字倒産」という事態にもなりかねません。

▼資産残高表

別名バランスシート（Balance Sheet）、略してＢ／Ｓとも言います。

Ｂ／Ｓを見ることで、資産と負債の残高と差し引きの純資産を把握することができます。

つまり、「資産＝負債＋純資産」という関係です。

たとえば、お金の出入りがあれば、当然ながら現金資産が増減します。元金返済があれば、負債は減ります。減価償却を計上すれば不動産資産の簿価が減ります。このような形で、収支計算書、損益計算書の内容が反映されて資産残高になるわけです。

純資産は多ければ多いほど、銀行から優良企業と見られます。したがって、不動産投資では、所有する不動産を拡大しつつ残債を減らしていくことがポイントになります。

B／Sについて、1つだけ注意していただきたいことがあります。それは、簿価と実勢価格は別モノであるということです。

簿価とは、資産残高表に記載される不動産資産の金額です。購入時は購入価格と同じ金額ですが、減価償却とともに減っていきます。ただし、その不動産を実際に買い手がついたときの金額（実勢価格）は、簿価とは異なります。

購入時に相場並みの金額なら大きな差額はありませんが、高値づかみで購入してしまうと、「簿価＞実勢価格」となります。

そうすると簿価ベースでは、「資産＞負債」（差額が純資産）と思っていたのが、実勢価格ベースで見直すと、実は「資産＜負債」（差額がマイナス純資産）ということになります。

したがって、財務3表の仕組みを理解することに加えて、実際の資産価値がどうなのかも常に把握しないといけません。

図表14　財務３表相関図

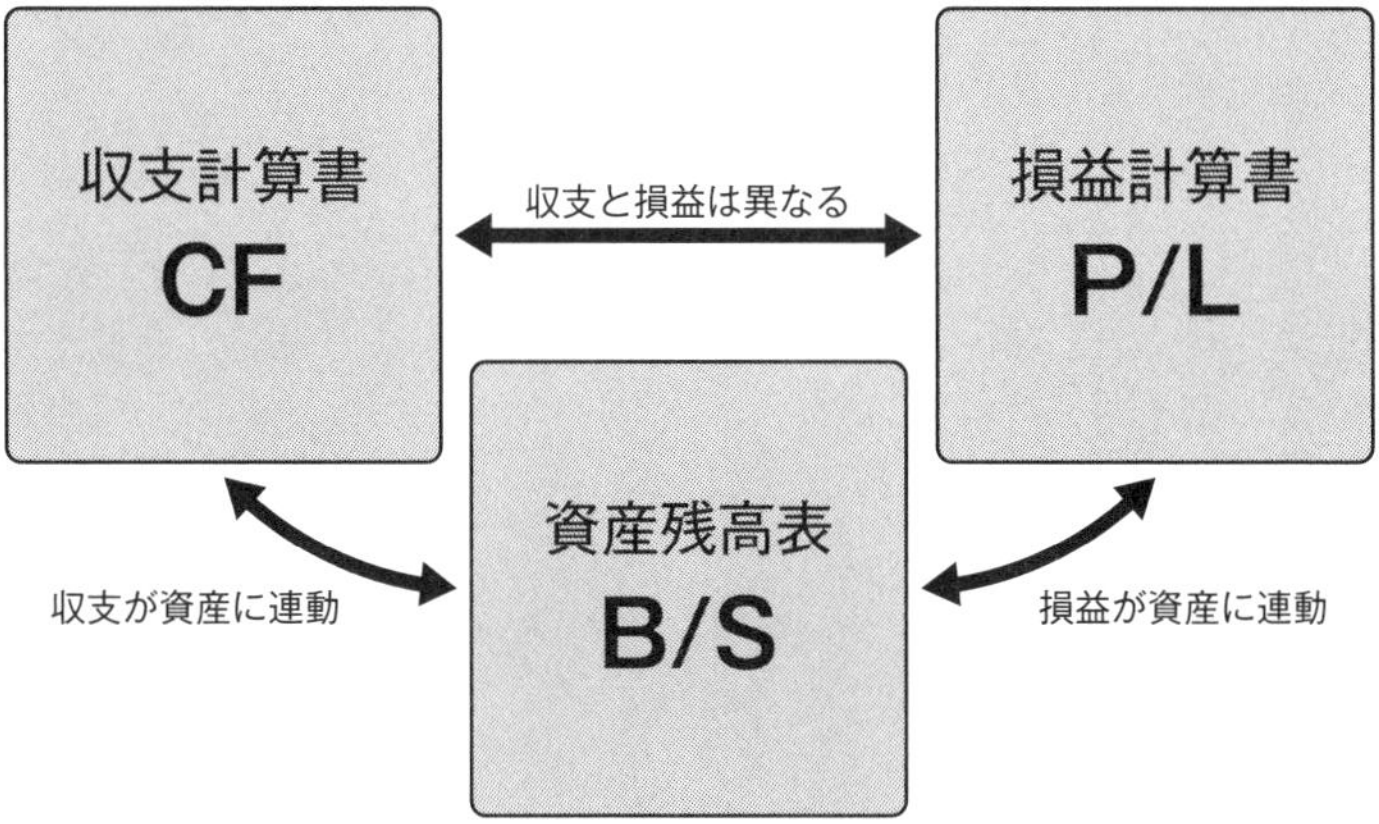

▼現金・税金・資産の連動を見る

今まで説明したことをまとめますと、財務３表とはそれぞれ、

・収支計算書（現金の出入りと手残りを把握する）
・損益計算書（損益と税金を把握する）
・資産残高表（資産／負債の増減と純資産を把握する）

を意味します。

収支計算書の「収益」と損益計算書の「損益」は異なることが要注意であり、収支と損益の内容が、バランスシートの資産残高と連携するということです（図表14）。

\ POINT /

・帳簿上の簿価と、実際の相場である実勢価格は別モノと理解することが重要である。

・財務3表を正確に理解して、「現金（CF）」「税金（P／L）」「資産（B／S）」がどのように連動するかを把握できるようにする。

03 お金の流れを漏れなく把握する（ＣＦ）

▼忘れがちな入退去リスト

収支計算書はリアルな現金の動きなのでとてもシンプルですが、忘れてはいけない基本的なことがあります。

それは「お金の出入りを網羅すること」です。つまり、抜け漏れがあってはいけません。現金がなくなれば、投資（＝事業）はストップとなってしまいます。

また、不動産業者が作る収支計画には入っていない支出があるので気をつけましょう。たとえば、年間で家賃が１０００万円入り、銀行へ５００万円を返済し、管理費が50万円差し引かれ、電気水道代を20万円払い、固都税を80万円払えば、

年間家賃1000万円－返済5000万円－管理費50万円－電気水道代20万円－固都税80万円＝350万円

一見、350万円も手残りがあると思いますが、これは大間違いです。

不動産投資の初心者が見落としてしまうのが「入退居コスト」（修繕費、広告費、空室ロス）です。

一般的に毎年4分の1程度の入居者が入れ替わります。入退居が発生すれば、当然ながらコストがかかります。大まかにいうと、修繕費が家賃の3カ月分、広告費が2カ月分、空室が1カ月とすると、全部で6カ月分にもなります。つまり、4分の1の部屋は6カ月分、つまり半年分の家賃しか入らないのです。

つまり、入退居コストは以下の通りとなります。

入退居コスト＝年間家賃の1／4×1／2

では、この入退去コストを考慮して先ほどの計算をやり直してみましょう。

年間家賃１０００万円－返済５００万円－管理費50万円－電気水道代20万円－固都税80万円－入退居コスト１２５万円（年間家賃１０００万円×１／４×１／２）＝２２５万円

いかがでしょうか。入退居コストを計算すると手残りは１２５万円も減ってしまいました。くれぐれも見落とさないようにしてください。

しかし、話はまだ終わりではありません。この手残り２２５万円をすべて使ってしまってよいのでしょうか。そうとも限らないのです。

▼使っていいのは「税引後」キャッシュフロー

もうひとつ重要な支出があります。それが「所得税」です。

前出の計算で出した手残り２２５万円は「税引前」キャッシュフローです。つまり、全額使ってしまうと、税金が払えなくなります。

そして、この手残りと損益計算書の課税所得は違います。

所得税は損益計算書の課税所得に税率をかけて求めます。税率は以下のとおりです。

・695万円超、900万円以下なら23％
・900万円超、1800万円以下なら33％
当然ながら、課税所得は損益計算書から計算されます。次の項目で解説します。

＼POINT／
・賃貸物件には必ず入退去が発生する。シミュレーションでは忘れずに費用計上すること。
・入退去は学生マンションは4年、ファミリータイプは6年など、タイプによって年数が異なる。数年分のトラックレコードで傾向を読みとろう。

04

税金を正しく把握する（P／L）

▼収支計算と損益計算は異なる

収支計算書上の手残りと損益計算書上課税所得は計算方法が異なります。

・収支計算入金－出金＝手残り
・損益計算売上－経費＝課税所得

終始計算書の「出金」と損益計算書の「経費」に注目してください。

「出金＝経費」と直感的に考えてしまいますが、「出金≠経費」なのです。

ポイントは、①金利、②元金、③減価償却です。ひとつずつ解説します。

①金利

銀行への返済は金利部分と元金部分があります。金利部分はお金も出ていくし経費にもなります。お金のレンタル料として銀行へ払うものなのでそのまま経費になります。

②元金

元金部分は、お金は出て行くのに経費にできません。返済した分借金が減って、純資産が増えることになるので損失ではないからです。銀行返済とひとまとめで考えてしまいますが、金利と元金で扱いが違うというのがポイントです。

③減価償却

お金は出ていかないのに経費にできるものもあります。それが減価償却です。建物や設備は、経年劣化します。資産価値が減る分を損失とみなして経費に計上できるわけです。とにかく、「出金≠経費」ということを覚えておいてください。

▼金利・元金・減価償却をコントロール

ここまでご説明したことを先ほどの収支の例の当てはめると、図表15のようになります。収支計算書の税引前キャッシュフロー225万円に対して、損益計算書の課税所得193万円にかかる所得税が64万円（税率33％）。これを差し引いた税引後キャッシュフロー161万円が使っていいお金になります。

例として使っている数字は以下の購入条件を想定して算出したものです。

・購入金額1.2億円
・建物分6000万円
・土地分6000万円
・構造RC
・築年数30年
・借入金額1.2億円

図表15　CFとP/L

収支計算書 CF

収入	
家賃収入	1,000万円
合計	**1,000万円**
支出	
銀行返済	500万円
うち利息	180万円 → 利息支払い
うち利息	320万円 ···▶×
管理費	50万円
電気水道	20万円
固都税	80万円
入退居	125万円
合計	**775万円**
収支	
税引前CF	225万円
所得税	64万円
税引後CF	**161万円**

資産残高表 P/L

売上	
家賃収入	1,000万円
合計	**1,000万円**
経費	
利息支払い	180万円
管理費	50万円
電気水道	20万円
固都税	80万円
入退居	125万円
減価償却費	352万円
合計	**807万円**
損益	
課税所得	193万円
所得税	64万円
利益	**129万円**

・返済期間30年
・金利１・５％

今回の例では、税引前キャッシュフロー∨課税所得となりましたので、税金面ではトクをしたことになります。なぜこうなったかというと「元金返済∧減価償却」であったからです。反対に、「元金返済∨減価償却」となってしまうと、損をすることになります。「税引前キャッシュフロー∧課税所得」となり、余分に所得税を払うことになります。これがひどくなると、「納税するためのお金がない！」ということになりかねませんので、元金返済と減価償却の大小関係には気をつけましょう。

元金返済額は融資条件で、減価償却額は購入金額の土地・建物比率で決まります。逆にいえば、コントロールできるということになります。

・自己資金を入れて借入を減らす
・返済期間を長くする
・建物比率を大きくする

などの方法で、「元金返済＜減価償却」をキープしてください。

ただし、これも度が過ぎると、売却時に困ったことになるので要注意です。

元金返済が小さいと残債は減らず、減価償却が大きいと簿価が減ります。「残債＞簿価」、つまり手残りよりも譲渡所得が大きいということになってしまいます。

・売却手残り（税引前）＝売却金額－残債
・譲渡所得＝売却金額－簿価（資産価値）
・手残り＞譲渡所得

税金は譲渡所得に対してかかってくるので余計に払うことになります。バランスが大事ですね。

POINT

・税金は手残りのキャッシュフローではなく、会計上の利益に対してかかることを理解しよう。
・不動産投資では、税金のコントロールこそが、長期的な投資戦略の要となる。

05

資産と負債の増減、純資産を把握する（B／S）

▼収支と損益の結果を資産の増減として把握する

先ほどの事例でCFとP／Lを見ていただきましたが、収支と損益の内容から資産と負債の増減を把握することができるのが資産管理表（B／S）です。

物件を購入した時点で資産の内訳は次のようになります（図表16）。

〈資産の内訳〉

土地　6000万円

建物　6000万円

現金　０円

一方で、借入をしていますから負債もあります。

〈負債の内訳〉

借入金　１２０００万円

そして、この物件の収支と損益を見ると、元金返済が３２０万円、減価償却が３５２万円、税引き後キャッシュフローが１８１万円でした。これらをＢ／Ｓに反映すると購入から１年後の状態は次のようになります（図表17）。

〈資産の内訳〉

土地　６０００万円

建物　５６４８万円

現金　１６１万円

図表16　資産残高表❶(物件購入時点)

資産残高表
B/S

資産		負債	
土地	6,000万円	借入金	1,200万円
建物	6,000万円	純資産	
現金	0円	利益余剰金	0円
合計	**12,000万円**	**合計**	**12,000万円**

図表17　資産残高表❷(1年経過)

資産残高表
B/S

資産		負債	
土地	6,000万円	借入金	11,680万円
建物	5,648万円	純資産	
現金	161万円	利益余剰金	129万円
合計	**11,809万円**	**合計**	**11,809万円**

〈負債の内訳〉
借入金　１億１６８０万円
純資産　１２９万円

資産のうち土地は変化がありませんが、建物は減価償却した分だけ資産価値が減りました。税引後のキャッシュフローは使ってしまわなければ現金資産として残ります。借入金は元の１・２億円から元金返済３２０万円が減って１億１６８０万円になっています。そして土地・建物・現金の資産と負債の差額が「純資産」となって現れています。

この「純資産」がこの物件の含み益ということです。


いかがでしょう。これら財務３表を取り入れることにより、不動産投資への考え方自体が変化してきませんか。

「会計上の黒字が増えると税金が上がりキャッシュフローを収縮させる。しかし、元金返済が進めばＢ／Ｓが改善されてくる。キャッシュフローを改善させるためには、会計上の赤字が大きいもの、すなわち減価償却を大きく取れるものを追加で購入しよう。銀行は低金利で期間が短いものより、高金利で長いものの方が現状にはマッチする」等々。
このように財務3表を理解することにより、自分が次に何を行うべきなのか、その戦略が見えてくるのです。不動産投資はまさに組み合わせ、パズルのようなものです。そのため、良い物件、良い金利というよりも、自身の現状に適している物件。すでに保有している物件収支を改善させる物件。自身が描く戦略に合う金利、そして期間。こういった考え方ができるようになれば、セミプロ投資家は目の前です。

\ POINT /

・財務3表は「収支計算書」「損益計算表」「資産残高表」の3つに分けられ、それぞれの違いを理解することが必要である
・大規模修繕など資産価値を向上させる工事は経費にならない。経費になるもの、ならないのに要注意。

PART 3

第3部

戦術編

業者の実務スキルで収益最大化！

第7章

銀行融資を引き続ける技術

01

物件よりも銀行を探せ！

▼融資が出なければ始まらない

不動産投資は融資ありきです。綿密に練った事業計画も融資が出なければ机上の空論。自己資金を出すべきとは言いましたが、事業拡大を進めていくためには、やはり銀行融資が必要になります。つまり不動産投資の一環として、銀行対策は不可欠なのです。

不動産投資をはじめるにあたり、「どのようにすればいい物件を見つけることができるのか」ということばかりに気を取られている方がいます。

しかし、どんなにいい物件を見つけたとしても、銀行から融資をしてもらえなければ、購入することはできません。

したがって、戦略の大枠を理解したら、次は融資についても把握しておきましょう。

▼銀行目線を身につけろ！

そもそも不動産投資の基本とは、継続的に物件の売り買いをくり返すことで、安定的に収益と純資産を積み上げていくことにあります。

一気に10億円を投資してそれで終わり、ということではありません。事業を継続する限り銀行とのつきあいも続くと考えてください。

あなたが目指すべきセミプロ投資家とは、投資家ではなく事業主です。事業主として優秀であると認められることによってはじめて、銀行もお金を融資してくれます。

いい物件を見極めることはもちろん大切ですが、銀行目線で見た場合どうなのか、という視点も必要なのです。

▼融資がつく人に優良物件が集まる

不動産業者のもとを訪ねて、「いい物件はありませんか。ぜひ紹介してください」と言う人がいます。これはシロウト投資家の典型的な例です。このような人にお買い得な物件は巡ってきません。なぜなら、不動産業者は「そもそもあなたに買えるのですか？」と考えているからです。

自分にはどのくらいの物件が買えるのか。この視点が欠けていると、業者へのアプローチは無駄に終わってしまいます。自分で銀行を開拓し、今の自分にはどのくらいの物件が買えるのかということを把握するようにしてください。業者への紹介依頼も「◯◯エリアでRC築25年未満で、◯◯◯◯万円くらいまで」と金額帯も指定するのが常識です。

POINT

・どんなにいい物件を探しても、融資が引けなければ購入できないので、銀行や融資開拓が先決である。
・不動産会社も融資がつく人を優先するため、お買い得な物件の情報を得るためにも、どの程度までの金額帯であれば可能性があるか把握しておく。

02
銀行が融資を出したい物件、好む人とは？

▼銀行評価が上がる仕組み

不動産投資を継続していくのであれば、銀行とのつきあいはおのずと長期的なものとなります。数年単位ではなく、10～20年単位でつきあうことになるのです。まさに、ビジネスパートナーであると言っても過言ではありません。だからこそ、自分自身で銀行を開拓し、良好な関係を築くことが求められるのです。

では、銀行はどのような物件を好ましいと考えているのでしょうか。事例で見ていきましょう。

図表18　物件AとBの比較

A	B
港区／土地20坪 RCマンション築30年 ７階建　１K　14室 月収140万円／購入価格２億4,000万円	三鷹市／土地80坪 木造アパート築30年 ２階建　１DK　８室 月収56万円／購入価格7,000万円

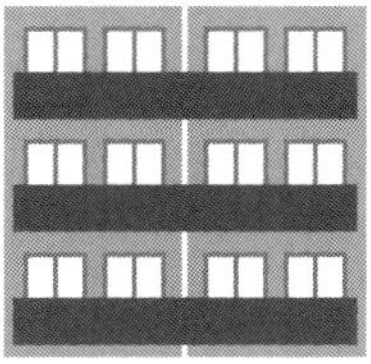

〈物件A〉

港区、土地20坪、建物１００坪、RC造、築30年、１K14室、家賃収入１６８０万円、購入金額２億４０００万円、表面利回り７％

〈物件B〉

三鷹市、土地80坪、建物80坪、木造、築30年、１DK８室、家賃収入６７２万円、購入金額７０００万円、表面利回り９・６％

物件Aは都心一等地のペンシルビル、物件Bは住宅街の広めのアパートでどちらも築30年になります。

さて、銀行から見て、好ましいのはどちらの物件でしょうか。

図表19　銀行の融資審査・評価方法

❶原価法

原価法や取引事例比較法により求める基礎価格に期待利回りを乗じて得た金額に、その不動産の賃貸借の継続のために必要な諸経費を加えて賃料を求める手法

❷収益還元法（直接法／DCF法）

不動産の収益性に着目して、その不動産から将来得られるべき価値を現在価値に割引して評価する方法

❸取引事例比較法

対象不動産と条件が近い物件の取引事例を多く収集し、いくつかの事例を選択し、取引価格の事例から必要に応じて対象物件の事情補正や時点修正を行い、地域要因や個別的要因を含め比較評価する方法

答えはあきらかに物件Bです。なぜでしょうか。

その理由は容積率にあります。物件Bは容積率が低い住宅街にあるため、固定資産評価と実勢の乖離が少ない、要するに積算が出やすいのです。

ただし、この理論でいくと、銀行は地方物件の方を好むということになりますが、地方の方がフルローンが出やすいのはそのためです。もっとも現在、地方物件は割高なので購入するのはお勧めできないのはすでにご説明したとおりです。

物件Bがある三鷹は都心に近く、かつ住宅地でもあるのでバランスがいいとされています。評価も相場もそれなりに高いので、銀行から好

まれる優良物件となるのです。また、値崩れしにくいという特徴もあります。

とくに初心者の方は、なるべくリスクを最小限に抑えるべきなので、物件Ｂのようなものが狙い目です。土地値が見えているため、リスクが低く、将来的に売却する際にも有利に働きます。

▼銀行から好かれる人、避けられる人

では、銀行に好かれるのはどういった人なのでしょうか。一概には言えませんが、指標のようなものはあります。こちらも事例を通して見ていきましょう（図表20）。

Ａさんは年収２０００万円で貯金５００万円。他に資産はありません。年収は高いのですが、資産がない方の典型例です。

Ｂさんは、年収８００万円で貯金が２００万円。年収も貯金もそれほど多くはありませんが、１０００万円の相続した区分マンションを無担保で所有しています。また、自宅のローンが２０００万円ほどあります。

Ｃさんは、年収１５００万円で貯金１０００万円、５０００万円の自宅を所有しています。

図表20　銀行目線で属性を見てみよう

どの銀行でも好まれるのは、Aさん、Bさん、Cさんのうち、誰でしょう？

Aさん	Bさん	Cさん
年収2000万円 貯金500万円 不動産なし 自宅ローンなし	年収800万円 貯金200万円 相続不動産1,000万円 自宅ローン2,000万円	年収1,500万円 貯金1,000万円 不動産なし 自宅ローン5,000万円
●浪費家のイメージ ●販売業者の融資アレンジ	●無担保の不動産が有利に！ ●地元信金、地銀へ	●高収入＆貯金あり ●都銀もいけるかも！信金や地銀も◎

さて、Aさん、Bさん、Cさんのうち、銀行が好むのはどの人だと思いますか。

まずAさんは、基本的に嫌われてしまうタイプです。年収が高いのに資産がないということは、要するに浪費家として見られてしまうのです。こういった方は、大手の銀行から融資してもらうのは難しいでしょう。

次にBさんはどうでしょうか。まず、無担保で1000万円の不動産を所有していることは、非常に高く評価されます。都銀は難しいかもしれませんが、地銀や信金からは好かれます。1000万円の無担保資産は、バランスシート的な発想で考えると、非常に好ましいのです。現金で持っているよりもよっぽど評されます。なぜなら、現金の1000万円はすぐに使えますが、不動産はそう簡単には使えないからです。また、所有している限り、なかなか価値が下がりません。抵当をつければ、お金を借りることも容易です。よく、「自分には資産なんかありません」と、謙遜している方がいます。しかし、相続などによって不動産を所有している人、あるいは自宅のローンを完済している方などは、銀行から好まれる傾向があるのです。無担保の不動産を自ら設立した法人に譲渡し、税金対策を行えば、はじめから優良の法人をつくることも可能です。

では、Ｃさんはどうでしょうか。年収が１５００万円で貯金１０００万円。これなら都銀でも借りられる可能性があります。もちろん、信金や地銀も大丈夫です。

▼あなたは銀行からどう評価されているのか

この事例からわかるのは、「銀行は借り手の年収だけで融資を判断するのではない」ということです。むしろ、貯金がたくさんあったり、無担保の不動産を持っていたりした方が、評価されることが多いのです。

よく「住宅ローンがあると、不動産投資でマイナスとなりますか？」という質問を受けますが、あまり関係ないというのが実情です。ちゃんと返済しているのであれば、むしろプラスに評価されることもあります。

一方、年収が高いのに資産がまったくないというのは、やはり嫌われてしまいます。銀行が気にしているのは、あくまでもちゃんと返済されるかどうか、ということです。「なんでこんなに貯金が少ないいんですか?」という発想になってしまうのです。

このように、不動産投資においては、「自分は銀行からどういう評価を受けるのか」という発想を常に持つようにしてください。銀行に融資を申し込む際には、資料をつくって持ち込む必要があります。その際にも、自分をよく見せる工夫が必要です。ぜひ、銀行の視点から物事を考えるようにしてください。

\ POINT /

- 銀行が好む物件とは、値崩れしにくく、貸し倒れリスクの少ない物件である。
- 年収が高く貯金の少ない人よりも、コツコツ貯金ができる人、無担保不動産を持っている人が銀行に好まれる傾向がある。

03 銀行の内情を知る

▼銀行の内部事情

同じ銀行でも、地銀、都銀、信金などによって、それぞれ性格や融資のスタンスは異なります。

いずれにしても、銀行員が気にしているのは数字です。ですので、なるべく銀行員が好ましいと思うような数字を提示することが大切です。そのうえで、銀行員が気にしている「融資ができそうか」「返済能力に問題はないか」ということを意識してみてください。

次に、銀行の内部構造として、融資部と審査部という２つの部署の対立があることを理解することが大切です。

もともと銀行は、お金を貸すのが仕事ですから、できることなら融資したいと考えています。融資実績がそのまま人事評価につながるからです。融資部の人は実績を増やしたい。一方で審査部の人は下手な融資をして焦げつきにしたくない。その対立があるのです。

端的に言えば、融資部は「融資を通すための稟議書を上手につくる人たち」であり、審査部は「重箱の隅を突いて粗を探す人たち」なのです。それが、銀行の内情です。その点を理解して、融資というものを考えなければなりません。まず、相手について知ることです。

▼融資部VS審査部の力関係

では、融資部と審査部のどちらが立場的に強いのでしょうか。

それは基本的には審査部です。当然、審査部が強い方が健全と言えますよね。

しかし、審査部よりも融資部が強い傾向がある銀行も中にはあります。審査がゆるいと、融資部は数字のためにどんどん融資残高を増やしていくので、投資家にとってはありがたいのですが、バブルを引き起こす可能性もあり、世の中的にはあまり好ましくありません。

もちろん、銀行によって性格は異なるので、一概には言えませんが。実際に銀行を開拓する際、そのあたりについてもチェックしてみてください。

ただし、融資部の言うことをそのまま真に受けてしまうのは危険です。「やります。できます」と言っていたかと思うと、審査部にひっくり返されてしまうこともあるのです。態度がころころ変わるのは、ビジネスなので仕方のないことです。

▼担当者は入れ替わる

銀行について理解するうえで、担当者の特性についても把握しておきたいところです。取引関係が生まれると、担当者がつきます。ある程度人間関係も構築できれば、そのまま長いつきあいをしたいと思うようになるでしょう。

しかし、銀行の担当者はおおむね2～3年で入れ替わります。こちらの都合などお構いなしに異動します。大企業と同じです。

ですので、より多くの人と交流を持ち、新規の開拓を続け、常に紹介を受けられる状態を保っておくことが大切です。ひとつの銀行、ひとりの担当者にばかり頼っていると、人事異動によってプランが崩壊してしまう可能性もあるのです。

また、代わるのは人だけではありません。銀行の融資に対する姿勢も、毎年のように変わっていきます。

かつて、もともと全国一律4・5％で融資していたものが、地域限定で3・5％にした銀行があります。また、対応年数が70年など、長期の融資を行うようになった銀行もあります。このあたりの変化については、常にチェックしておくことが大切です。

主に、シーズンごとに方針を変更する銀行が多いようです。シーズンが変わり、これまで受けられていた優遇措置が受けられなくなるということもあります。それも不動産投資、とくに融資に関するリスクと認識して、対応できるようにしておくことです。投資家のコミュニティなどで、定期的に情報収集するといいでしょう。

POINT

- 融資審査は、融資部と審査部というスタンスの違う部署から成り立っている。
- 銀行の担当者は2〜3年で異動するため、常に開拓が必要である

04 銀行デビューは地元が吉

▼個人事業主は地銀、信金へ行け！

とくに初心者のうちは、メガバンクよりも地銀や信金を利用する方がいいでしょう。

これは、企業が融資を受けるときと同じ発想です。メガバンクでは扱う金額が大きすぎて1億～2億の案件では熱心に取り上げてくれないケースもあります。一方で地銀、信金は中小企業、地元への融資がメインですので、しっかり話を聞いてくれますし、いきなり支店長が出てくることもあります。

そうなると、人脈形成につながります。その一方でメガバンクの場合、担当者ベースで交渉することが一般的です。

▼政策金融公庫はオススメ

また、政策金融公庫などに対して「手続きなどで苦労しそう」という印象を持っている方もいるようですが、実は簡単です。

審査はおおむね1週間ほど。1週間で振り込まれるというのは、投資家としてもありがたいことです。もちろん、きちんとした事業計画は必要ですし、できるものとできないものもあります。

ただし、融資は少額です。4000〜5000万円ほどの物件を、半分ほど自己資金を入れて購入するのであれば、活用できるのではないでしょうか

▼銀行と地域の関係について

メガバンクは支店がある地域、要するに日本全国、おおむね対応してもらえます。

しかし、地銀や信金は、融資を受ける人がどこに住んでいるのか、物件の所在地はどこな

のかが重要になります。地方の銀行は、やはり、その地方の人に貸したいと考えているからです。ただし、地銀も信金も不動産投資に対する融資姿勢は相変わらず積極的なので、そのエリアは年々拡大している傾向にあります。

POINT

- **不動産投資初心者であれば、メガバンクよりも、地銀・信金を利用したほうがいい。**
- **同じメガバンク、地銀、信金でも、各行でスタンスが違うため、自分の足で幅広く開拓しよう。**

05 融資の打診は営業活動！

▼融資は銀行との契約

不動産への融資で「金銭消費貸借契約」（以下、金消契約）というものを銀行と締結します。融資はまさに銀行と投資家との契約なのです。銀行はお金を貸す代わりに利息を得ます。利息はお金のレンタル代のようなものですね。投資家はお金を借りて、期限までに返します。これを「期限の利益」と言います。

期限の利益は融資の要です。返済に猶予があるからこそ、投資家は不動産で収益を得て事業を拡大することができます。金消契約では、一定の場合に期限の利益を失われることが明記されます。返済が滞った場合（債務不履行）と、信用が損なわれた場合（信用毀損）です。

図表21　融資の流れ

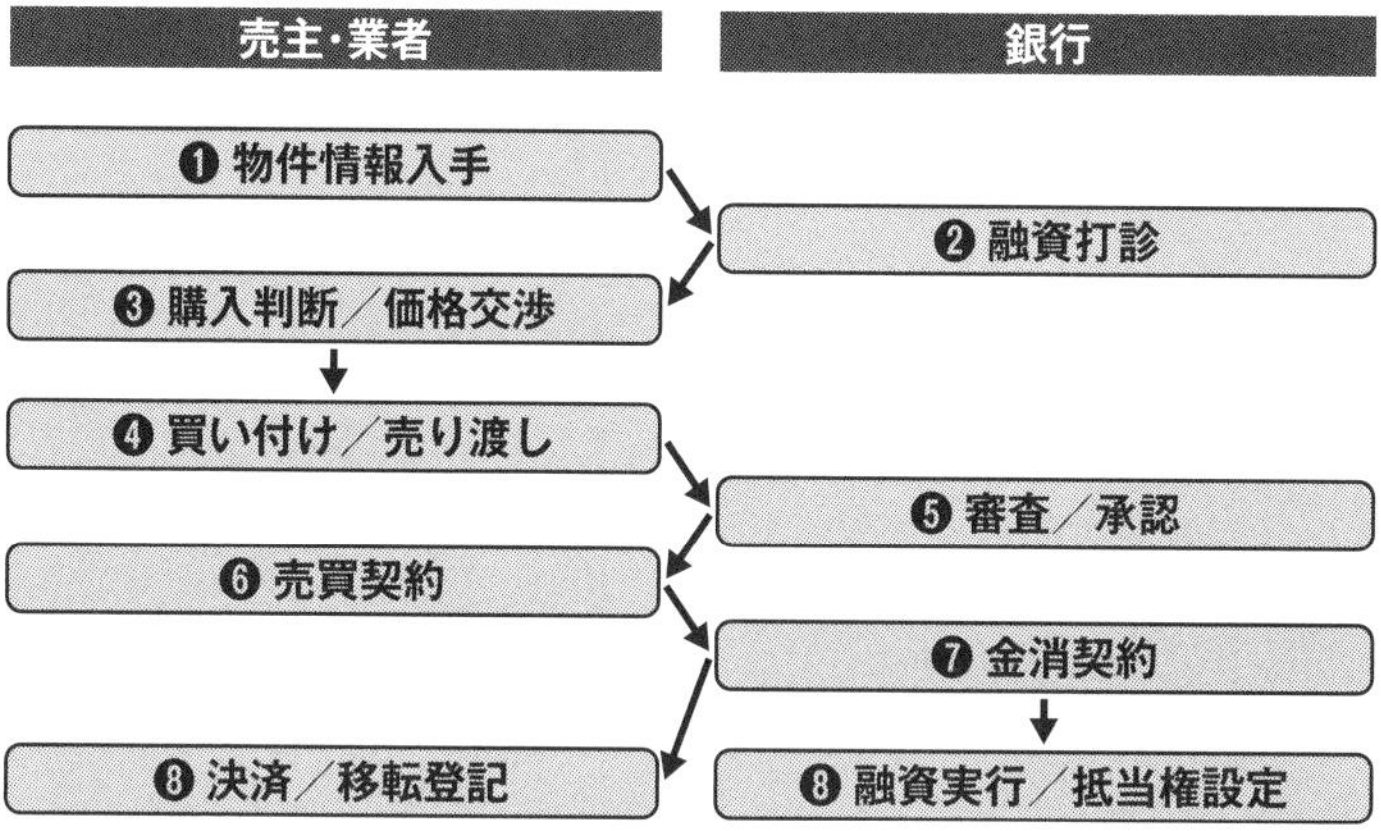

信用毀損は様々なことが要因になり得ますので、誠実にコミュニケーションをとることを心がけてください。

▼銀行へのヒアリング

最後に、銀行から融資を受けるときの流れについて見ていきましょう（図表21）。

まず、自分の資産状況をまとめたうえで、今後どのように投資を進めていきたいのかという戦略を構築します。そこでつくった投資計画を銀行に見てもらいます。

その際、銀行に対してヒアリングを行います。具体的には「自分はどれくらいの物件が買えるのか」「物件を持ち込んだら、どのように審査が進んでいくのか」などです。

銀行によっては審査に2カ月ほどかかる場合がありますので、状況をみて判断するようにしましょう。

▼バランスシートが評価の基準

本来であれば、そのような銀行側の都合も加味したうえで、計画を立てるのが理想です。そして、銀行の融資状況を考慮しつつ、業者に話をもっていきます。そうすれば、スムーズに物件が見つかり、速やかに投資をはじめることができます。

戦略については、第6章で説明したとおり、財務3表、とくにバランスシートに関する知識が欠かせません。不動産の基本的な構造から考えて、とくにキャッシュがあることは絶対条件になります。

ゼロから専業レベルを目指す人は当初の資金作りの段階でバランスシートが崩れる場合もありますが、ある程度の規模に拡大するまでは仕方がないかと思います。反対に規模を追求せず最初からこじんまり投資をしたい方は、はじめから法人をつくってバランスシートを整えていくのもいいでしょう。いずれにしても、不動産投資はバランスシートが大事です。リスクを抑えて小さくスタートするのが理想なのです。

いきなりオーバーローンを組んで大きな物件を購入するやり方は大きなリスクを伴います。いい物件を見つけるよりも、まずは自分がどのくらい融資を受けられるのかを知っておくようにしましょう。

▼銀行員とは数字で話す

あとは、具体的な数字で状況を把握することです。

自分はどのくらいの収入がほしいのか、それが実現可能なのかということを数字で判断してみます。そして、その数字を得るにはどういう状況になってなければいけないのかを考えます。そのような発想を身につけてください。

もし、財務3表についての知識が乏しいのであれば、書店などで関連書籍を購入し、勉強することです。

財務3表が理解できれば、いつデットクロスが訪れるのか、いつ支出が収入を上回るのかがわかるようになります。その結果、いつ売ればいいのか、いつ買えばいいのかが明らかになるのです。

数字がわかるようになれば、最適なタイミングがつかめるようになります。また、銀行との交渉もスムーズに進むようになります。ぜひ、積極的に学ぶようにしてください。

POINT

- 融資は銀行と投資家の契約、ビジネスパートナーとして誠実にコミュニケーションをとるべきである。
- 銀行員と話すときは数字を使って説明することで、信頼を得ることができる。

第8章

業者の物件仕入れ技術

01

安く買いたければ仲介へ行け！

▼不動産業者の種類を知る

「不動産業者」と呼ばれるものには、どのようなタイプの企業があるのでしょうか。収益物件を扱っている不動産業者にはいくつかの種類があります。それぞれ特徴がありますので、順番に見ていきましょう。

1つ目はいわゆる「三ため業者」です。「三ため業者」とは、第三者のための契約、つまり他人物売買を行っている業者のことです。

三ため業者は自分たちで物件を保有せず、決済時に買主から代金を貰い、それで売主に支払うというスタイルで行います。表面上は売主ですが、登記は移さず、仕入れ金額と売買代金の差額で利益をあげている業者になります。その多くはローンの斡旋をパッケージにして販売しているため、初心者にとっては楽なので、こういった業者から購入する方も多いかと思います。また、いわゆる成功大家さん兼コンサルタントなどと提携している多くはこちらになります。一見合理的な販売手法なのですが、元手がなくても成り立つため、新規参入が容易で、経験や知識のない業者が多いのも特徴です。

２つ目は「買い取り再販業者」です。買い取り再販業者とは、その名のとおり、いったん自分たちで物件を買い、リフォームやリノベーションをかけて、再度、販売する業者のことをいいます。億単位の物件を購入できるため、比較的大きな会社が多いです。

３つ目は、新築のアパートを販売している業者です。売主から仲介会社を通して土地を買い、アパートを建てて売ります。広告宣伝に力を入れているため、目にする機会も一番多いのではないでしょうか。

４つ目は仲介会社です。基本的には住宅の仲介でお世話になる機会が多いかと思いますが、投資物件の情報も多く持っています。大手の有名不動産業者はほぼこちらになります。その他にも、銀行系や電鉄系、財閥系の会社も多いのが特徴です。

私たち不動産業者の多くは、基本的に仲介会社から物件情報を入手します。前出の業者も、すべて仲介から土地を仕入れています。仲介会社は仲介手数料のみで物件価格に利益を乗せないので、割安に仕入れることができる可能性が高いからです。みなさまもセミプロ投資家を目指す以上、仲介会社からの仕入れをメインにしてください。お勧めは主要駅に店舗を構えている大手の仲介会社です。

また、管理会社も狙い目です。オーナーから預かっている案件を「そろそろ売るかもしれないよ」と教えてくれることがあるのです。すでに物件を所有し、管理会社とのつきあいがある場合は、売却物件が出たら教えてくれるよう、声をかけておくのも手です。

さらに弁護士や税理士、司法書士などからも物件情報は出ますが、さすがに一般の投資家には情報が出てくる確率は低いので、そういった人たちとパイプがある仲介会社にアプローチをすると良いかもしれません。

当然のことながら、金融機関とのつながりも大切です。案件と業者を紹介してくれることも良くあります。地元の不動産業者なども同様で、地域の人とのパイプがあるため、優良な情報を提供してくれることがあります。

▼大手仲介会社の特徴

　では、大手の不動産業者にはどのような特徴があるのでしょうか。まず、大手にはたくさんのスタッフがいます。ただ、個々の社員が多数の案件を抱えていることもあり、常に忙しそうにしている傾向があります。

　もちろん、大手企業の中にもいろいろな人材がいます。会社の名前で営業している人もいれば、個人技だけで高い営業成績をあげている人もいるのです。能力のある個人をつかまえておけば、優れた情報を入手することも可能となります。

　基本的には、社内で情報共有を進めていると思います。しかし、情報共有にも限界がありますし、それぞれがライバル関係にあるということもあって、所有している情報の量と質はまちまちです。社内においても、売り主担当と買い主担当とでは、インセンティブも異なるという違いもあるほどです。

　だからこそ、優秀な営業マンとの人脈を大切にし、双方にメリットがある取引を継続的に行っていくことが大事です。その結果、お互いにとって有益な関係になれれば、対企業というよりは個人的な関係性を築くこともできます。営業マンとて、高い成績をあげたいという意味では、投資家と同じです。

より親密な関係になれれば、社内で情報共有する前に、優先的に情報をもらえることもあるかもしれません。

▼不動産仲介会社へのアプローチ

もし、仲介会社に飛び込み営業をかけるなら、時間帯に注意が必要です。バタバタしている朝の時間や昼食時は避け、暇になる夕方あたりが狙い目です。もちろん、お客さんを案内しているときなどは、日を改めるようにしましょう。

仲介会社を訪問する際は、自己紹介および希望条件についてスムーズに話せるよう練習しておいてください。過去の実績があれば、それも提示するべきです。また、一度接点を持った業者はリストをつくり定期的にコンタクトするといいでしょう。

営業活動ですから行動量も重要です。訪問だけでなく、電話、ＦＡＸなど、営業方法はいろいろです。紹介の連鎖によって人脈を広げるのもいいでしょう。

\ POINT /

・不動産会社は星の数ほどあるが、収益物件を扱うのは、主に「三ため業者」「買い取り再販業者」「アパートメーカー」「仲介会社」の4つ。

・仲介会社は手数料のみで物件価格に利益を乗せないため、他業者から買うよりも割安に物件を仕入れることができる可能性が高い。

02

不動産業者の取り扱い説明書

▼おすすめは意欲的な若手営業マン

不動産業者を開拓するにあたって、業者が何を考えているのか、知っておきましょう。端的に言えば、彼らの頭の中を占めているのは「金儲け」であると考えて間違いありません。その点では、投資家も業者も同じです。ビジネスなので、お金を儲けようとして当然なのです。また彼らは人脈も広げたいと考えていますし、固定客もほしいと思っています。一方で、利益にならない相手とはつきあいたくないとも考えているはずです。

では、そのような不動産業者とは、どのようにつきあっていけばいいのでしょうか。ポイントは、30代前後の若手を狙っていくことです。なぜなら、30代前後の担当者は不動産の目利きもできる人が多いですし、かつまだまだ積極的に人脈を広げていきたいと考えているためです。つまり野心的なのです。

さらに、若い担当者はフットワークも軽いです。対応にもスピード感があります。能力のある人であれば、売り主から預かっているまだ値段も決まっていないような案件を紹介してくれることもあります。これは、買い主側からの希望金額が通る可能性があるということです。

通常、値段も決めていない物件に関しては、当然ながら情報も出ていません。それだけ希少価値が高い案件なのです。こういった案件に対して、「自分だったらこれくらいで買う」と投げかけてみるだけで、思わぬ好条件で買える可能性もあります。まさに掘り出し物件です。

いずれにしても、大事なのは「期待感を持たせてあげること」だと思います。「自分とつきあえばこれだけのメリットがあるよ」と提示するのです。誰しもメリットを得たいと考えているものなので、お互いに良い関係性を構築できる可能性が高まります。情報についても、ギブ・アンド・テイクの感覚でやり取りすることが大切です。

ただ「情報をください」と言っているだけの人は嫌われます。こちらからも積極的にネタを提供することで、双方にとってメリットがあると認識させることです。そうすることで、win-win の関係になれるのではないでしょうか。

▼不動産投資は人脈が命

また、不動産業者と良好な関係を構築するためには、「紹介」も大事になります。紹介とは、ある特定のエリアで物件を探している人と、そのエリアで物件を売りたいと考えている人を結びつけることです。

その結果、双方から感謝されることになります。手数料などで小銭を稼ぐ必要などありません。恩を売ることによって、中長期的に良好な関係性が築けるのです。そして、不動産投資もまた、他のビジネスと同様に、人脈が命なのです。

紹介で実績を積んでいけば、やがて、あなたのところにも紹介案件が舞い込んでくる可能性があります。場合によっては、最優先で情報を提供してくれるような義理堅い人もいることでしょう。そうなると、情報収集が一気に加速します。

やはり、不動産業者の真理としては、儲かる案件がほしいということに尽きるかと思います。お金になる案件、すぐに動く案件を常に求めているのです。

ただ、業者の言うことをすべて真に受けてしまうのは危険です。「いい案件があるよ」とアピールする業者は多いですが、真実が半分、もう半分は営業トークであるぐらいに考えておいた方が無難でしょう。最初のうちは、情報の真偽を判別できないかもしれませんが、自ら裏取りをすることによって、見極められるようになるはずです。

POINT

- **不動産会社とのやり取りでは、担当との個人的な人脈形成が効果的である。**
- **不動産会社にはフットワークの軽い熱心な若手社員がいるので、そのような人との人脈を形成できると便利である。**

03 業者開拓の極意

▼不動産業者は至るところにいる

不動産業者にアプローチする際には、すでに述べたとおり、業者をリスト化することをお勧めします。そのうえで、分野ごとにそれぞれの特性を踏まえて、アプローチ方法を変えてくり返しアタックします。

たとえば、担当者がその会社に何年ほどいて、どのような立場にあって、会社そのものはどういう性質を持っているのか。そういったことを把握しておけば、アプローチの方法もおのずと変わってきます。

仲介なのか設計会社なのか、それともゼネコンなのか。戸建てに強いのか、区分に強いのか、それとも土地に強いのか。そのように、会社名と取り扱い種別、その他のメモを書いておけば、必要なときに適切にアプローチできるようになります。そうすれば、無駄がありません。

リストを用意することで、より戦略的にアプローチできるようになるのです。「この業者に対しては、こういった案件を、こういったエリアで、これくらいの価格でほしいと伝えている」など、自分の意向を明確に伝えておくことによって、業者としてもつきあいやすいと感じてもらえるはずです。

とくに営業活動は、意識してやらなければ、ついおろそかになってしまうものです。すぐに成果が出るものではありませんし、根気がいる作業です。

だからこそ、日々の経過を記しておくことによって、モチベーションを維持しておくことが大切です。「次は案件を紹介してくれるかも」と期待感を持って接していれば、やる気も湧いてくるものです。

具体的なアプローチ方法としては、電話や訪問がメインになります。基本的には電話でアポイントをとり、対面で訪問する。そのくり返しです。店舗を構えているような大手以外の仲介会社を探すのであれば、「楽待」「健美屋」「アットホーム」などに、収益物件を数多く掲載しているところに問い合わせるのも良いかと思います。

・楽待

http://www.rakumachi.jp/

・健美家

https://www.kenbiya.com/

・アットホーム

http://www.athome.co.jp/

また、東京都であれば、「東京都都市整備局」のサイトにある「宅地建物取引業者の免許情報提供サービス」も活用できます。これは、東京都内にあるすべての業者の名前と連絡先が調べられるサービスです。設立年もわかります。ぜひ、利用してみてください。

・宅地建物取引業者の免許情報提供サービス

http://www.takken.metro.tokyo.jp/index.html

特に、設立して間もない業者は狙い目です。その理由は、設立時に数百万円のイニシャルコストがかかっているため、すぐに取引してキャッシュを稼ぎたいと考えている業者が多いためです。そのときに、エンドユーザーから電話がかかってくれれば、「ぜひ成約につなげよう」と思うのも当然です。

あとは、不動産業者が集まって行っている親睦会や名刺交換会などもあります。そういった会合に顔を出して、交流するのもいいでしょう。コミュニケーションをしつつ、自分に合った業者を見つけてみてください。そういったところには、プロだけでなく、セミプロ投資家も紛れているものです。

不動産業界は、良くも悪くも、個人間のつながりが強い業界です。ですので、対会社としてつきあうというよりは、「会社が変わっても個人でつきあっていく」というスタンスの方が継続的な取引につながると思います。

相手が転職しており、他の不動産業者に移っていても連絡を取り続けましょう。携帯電話の番号を交換しておけば、状況が変わってもお互いに情報交換することは可能です。お互いにとって良好な関係づくりを、中長期的な視点を持って行うのが理想です。

▼不動産業者の担当者に聞くべきこと

では、不動産業者の人間と話をするとき、どのようなことを聞いておけばいいのでしょうか。初めて訪問する先であれば、その担当者が「以前はどこで働いていたのか」を聞くことをお勧めします。

そうすることで、その担当者の実力を把握することができるのです。大手の仲介会社にいたのであれば、戸建て用地や住宅系の物件に強いパイプを持っているなどと推測することもできます。一方で、収益不動産に関してはあまり詳しくないかもしれません。

また、その会社がどういった業者と取引をしているのかについても、ヒアリングしておくべきでしょう。あわせて、どのような物件に強く、どのようなパイプがあるのかについても聞いてくといいですね。個人の特性と会社の特性の両方を把握しておけば、適切にアプローチできるようになります。

その際に、「自分が望む物件情報はなさそうだから、ここはつきあわなくていいや」と、考えないようにしてください。なぜなら、自分が買わなくても、人に紹介できるかもしれないからです。紹介は、セミプロ投資家の大きな武器になります。

人間誰しも、自分の利益だけを追求する人とはあまりつきあいたいとは思いません。そうではなく、関係者の利益についても考慮することにより、良好な関係性が築けるのです。戸建ての物件がほしいのに区分マンション専門会社ばかり回っていても仕方がありませんが、そういった極端な場合でなければ、複合的な視点で人脈を築くべきだと思います。

そのような活動をしていると、対会社だけでなく、個人間でのリレーションシップが深まります。ただ業者を訪問するのではなく、場合によっては手土産を持っていけるかもしれないのです。そうなれば、歓迎してくれることも多いでしょう。訪問する理由もおのずと増えます。

▼紳士的な対応を心がけるべし

不動産業者と会っているときに意識したいのは、「高く買ってくれる」「安く売ってくれる」というイメージを持たせることです。客観的にどう見てもお金がなさそうな相手に対しては、不動産業者も、胸襟《きょうきん》を開いて話をしてくれません。誰しも、時間の無駄はしたくないのです。

また、いかにも初心者という感じで訪問するのも危険です。理論武装して、スキルも知識も豊富にあるという状態で訪問するのが望ましいでしょう。少なくとも、「自分はセミプロ投資家である」という意気込みで営業をかけるべきです。投資に対して積極的な姿勢をアピールしておけば、いろいろな案件を紹介してくれるはずです。

少なくとも、不動産業者に「この人は買えないいな」と思わせてはいけません。希望条件に合えばいつでも買う準備がある、という態度で臨むべきです。そのために、あらかじめ銀行を開拓しておくことです。銀行開拓は、不動産投資の〝基本のき〟です。

そして、気をつけたいのは他社の悪口です。不動産業界というのは、広いようで案外、狭いものなのです。閉鎖的な部分もありますので、他社の悪口を言う人のウワサはすぐに広まります。そうなると、相手もつきあいにくいと感じてしまいます。

同様に、紹介された案件について文句を言わないこと、感情的な反発をしないことです。意見を言うのであれば理論的に言いましょう。「この数字が合わない」「このエリアはどうか」「構造や築年数については」など、具体的に伝えるようにしましょう。

不動産業者から情報を引き出すコツとしては、はじめからあまりガツガツしないことです。

会っていきなり「御社の情報ルートはどういったところですか？」「物元さんはどういった会社ですか？」「どの会社とつきあいがありますか？」などと矢継ぎ早に聞いてしまうと、警戒されてしまいます。人間関係の進展度合いを考慮しつつ、余裕のある対応が求められます。

もちろん、最後は人間と人間のつきあいになります。なんとなく「この人とは合わないな」ということもあることでしょう。そのような場合には、無理につきあう必要はありません。不動産業者はたくさんありますし、実にいろいろな人がいるものです。無理なつきあいをするのではなく、どんどん新規開拓を進めましょう。

POINT

- 不動産会社とのつきあいにおいては、一方的に与えられるのではなく、こちらからも情報を与えるという関係が望ましい。
- 不動産業界は広そうで狭い業界なので、他社の悪口を言うのは好ましくない。

04

物件紹介が増える、コミュニケーションの法則

▼収支計算は迅速に

不動産業者から物件を紹介された場合、どのような段取りで進めていけばいいのでしょうか。物件を紹介されたら、まず、資料の情報を参考にして収支を計算してみましょう。いわゆるシミュレーションです。

いくらで買っていくらで売れるのか。運営収支はどうなのか。長期のシミュレーションではどうか。そういった部分を計算していきます。

採算が取れそうな物件だと判断した場合には、さらに詳細の資料を請求します。たとえば、法定点検書類などもあるといいでしょう。

同時に、銀行に案件を持ち込んでみることです。融資のタイミングは銀行によっても異なりますが、業者との交渉においては、融資の承認時期や前提条件などを総合的に考慮して、話を詰めていくことになります。

もし検討できる案件なのであれば、必ず回答期限を設定するようにしてください。業者からしてみれば、いつ回答してもらえるのかわからなければ困ります。いつまでに方向性を提示できるのかを明確に伝えておきましょう。

▼論理的な回答を心がける

もちろん、せっかく紹介された物件に対し、「検討します」と言ったまま放置するようなことをしてはいけません。信頼を失ってしまいます。断るのであれば、価格、エリア、その他の条件のどこが問題なのかを明確にし、しっかりと回答するべきです。

金額が合わないのであれば、いくらなら購入するのかを伝えることです。エリアごとにある程度の指標を提示しておけば、先方としても判断がつきやすくなります。そうすれば、お互いに明確な判断ができるようになるのです。

はじめのうちは、承諾するときだけでなく、断る場合のストーリーも考えておくといいでしょう。価格、エリア、築年数など要因はさまざまですが、理由を明確にすることで、その後の交渉もスムーズに進められます。ポイントで伝えられるように訓練しましょう。

「なんとなく気に入らない」「気が向いたら購入したい」「もう少し検討して」など、優柔不断な態度は業者から嫌われてしまいます。自分の中に明確な指標を持ち、的確に交渉することが大切です。

ときには、「銀行の評価がここまでしか出ない」など、内情も伝えてあげることで、信頼を得られる場合もあるのです。

▼優先客になるための関係構築

では、なかなか物件を紹介してもらえない場合、どうすればいいのでしょうか。

やはり、大手の仲介業者に対して、地道にアプローチすることです。物件情報が圧倒的に多いためです。また、民間の入札案件についても、大手仲介会社が行っていることがあります。そのような場合、業者の担当者と人間関係を構築していれば、有利に買いつけられることもあるのです。だからこそ、個人間での親密な関係づくりが重要となってきます。

また、くり返しになりますが、若手の担当者を中心に開拓することで、今後の人脈形成が加速します。もちろん、いい物件に出会える可能性も高まります。知識や経験を積み、少しずつネットワークを広げることで、セミプロ投資家に近づくのです。

そして、いずれは優先客になると、他の顧客よりも優先的に物件を紹介してくれるような関係性を構築できます。それがもっとも理想的です。

ただし、漫然と情報収集をしているだけでは、不動産投資で成功することはできません。自分がどのくらいの物件を購入できるのか、優良物件とはどのようなものなのか。そのような不動産投資全体に必要な目利き力も、養うようにしてください。

POINT

- **不動産会社から物件を紹介されたら、誠意を持って検討し、断るときもロジカルな理由を述べる。**
- **あらかじめ、自分の投資スタンスを伝えておくことで、より適切な物件の紹介を得ることができる。**

05 破格物件が出るパターン

▼掘り出し物件とは何か？

そもそも「掘り出し物件」とは何でしょうか。

たとえば、相場よりも安い物件が掘り出し物件であるとした場合、そういった誰が見ても相場よりも安い物件は存在するのでしょうか。答えはＹＥＳともＮＯとも言えます。なぜなら、最初に提示される価格は当然相場か、それ以上であることが多いのですが、私たち業者やプロの投資家は、その提示されている価格で買うことはほとんどなく、交渉により安く買うことがほとんどだからです。

また、何らかのマイナス要因があるため最初から相場よりも安く提示されている物件をさらに指値を入れて購入し、そのマイナス要因を取り払うことにより相場に戻して売却して利益を出すこともあります。

つまり、掘り出し物件とは、はじめから安く売りに出されているものではなく、自身の手で交渉や調査を重ね、一手間も二手間もかけて、安く仕入れ、高く売るということです。まさにビジネスの基本ですね。

その点を理解しておかなければ、物件を探すことだけに時間と労力を費やしてしまうことになり兼ねません。

▼良好な関係性を維持していくこと

懇意にしている不動産業者が優良な情報を提供してくれることもあります。そのような場合には、手数料をしっかり払い、関係性を保っていきましょう。そうすることで、次の機会にもまた優良物件を紹介してもらえるのです。

結局のところ、どの業者もビジネスをしているので、それぞれが利益を最大化できるような関係性を構築しておくことが大切です。情報提供者に対してしっかりと費用を支払うことは、当然と言えば当然です。お互いに気持ちよくビジネスできることが一番なのです。

また、こんな事例もありました。個人が売り主の案件で、希望金額は1億7000万円。売り主と買い主の間に仲介が2社入っているような状況です。当時、1億4700万円で買いつけを入れましたが、売り主の方はもう少し粘りたいという感じでした。

200~300万円ほど上げたぐらいでは、売り主も売る気にはなれません。それでしばらく放置していたところ、数カ月後にたまたま訪問した際、まだ売れていませんでした。相手もそろそろ決めたいという雰囲気だったので、あらためて交渉することになりました。

その結果、なんと1億5000万円プラス仲介手数料220万円で仕入れをすることができたのです。希望価格よりも2000万円近く値を下げて購入することができました。こちらは都内の物件で利回りが8.1%。いい買い物ができたと思います。

▼タイミングが大事

このように、焦って交渉するのではなく、じっくり構えた結果、より良い条件で物件を購入できることもあります。やはり、タイミングは大事なのです。

不動産をより好条件で入手するには、とにかく相手のことを知ることが大切です。なぜこのタイミングで売りに出しているのか。売り主と元付業者の関係はどうなっているのか。専任なのか一般なのか。そのあたりを含めて、しっかりと調査するようにしてください。

POINT

- いわゆる〝掘り出し物件〟は存在するが、それは調査と交渉の結果として得られた物件である。
- 不動産の価格は相場がない。あくまでも売り手と買い手の交渉の結果である。

06

NG物件の回避策

▼NG物件に注意しよう

不動産投資を行うにあたって、絶対に避けたいのがいわゆる「NG物件」です。NG物件とはつまり、手を出してはいけない物件のことです。

たとえば、「おとり物件」と呼ばれているものがあります。サイトから問い合わせをして行ってみると、すでに買いつけが入っているような場合です。もちろん、単純にサイトの更新が滞っていたということもあるでしょうが、悪意を持って「おとり物件」を客寄せに使っている業者もいるので注意してください。

次は、上下水道管が他人の敷地に入っていたり、もしくは私道にしか面していない案件です。このような場合には、権利関係やインフラについてしっかりと確認しておきましょう。

とくにアパートや戸建てに多いのですが、購入する際に、私道であれば掘削承諾の有無や覚書があるかどうか、通行承諾、第三者への継承などをチェックしておくべきです。権利関係が明文化された書面、いわゆるエビデンスを確認しておくことが大切です。

また、個人の抵当権が入っている物件にも注意が必要です。仲介会社の対応、および決済する司法書士などについても、不動産投資のプロでないと、後で問題になる可能性があります。

その理由はなぜか。決済時に、抵当権の抹消などで追加費用を延々と請求されてしまう場合があるからです。ですので、抵当権の経緯について、専門家を入れて精査してくといいかと思います。

▼不動産にまつわるさまざまなリスク

物件によっては、市街化調整区域に建設されているものもあります。これは論外です。市街化調整区域とは、原則として市街化を抑制する区域のことです。つまり、「建て替えなどを一切認めない」ということになり兼ねません。

さらに、オーナー住戸がやたらに大きい物件にも注意が必要です。リーシング（リース業務や賃借）が難しくなります。

住戸数の大半が法人などの社宅に使われている案件なども、その法人が社宅をやめてしまうという大きなリスクがありますので、避けるべきです。

その際、瞬発的に空室率が上昇するだけでなく、原状回復工事費が莫大な費用になってしまうのです。

▼土地に物件を建築する場合の注意点

では、土地を購入して物件を建築する場合には、どのような点に注意するべきなのでしょうか。不動産情報をチェックしていると、安い土地を見かけることも多々あるかと思います。ただ、そのような物件には注意が必要です。

基本的に、相場よりも安い物件というのは、何らかの裏があると考えた方がいいのです。

極端な話、所有権しか権利が入っていない物件において、契約に来た人が所有者とはまったくの別人だったという事例もあります。住民票だけで本人確認をしていて、実は悪意のある他人が住民票を取得して利用したということもあるのです。

そうなると、手付金をそのまま取られてしまうことになります。いわゆる「地面師」と呼ばれる詐欺師です。不動産は大きなお金が動くものですので、気をつけるようにしましょう。

＼POINT／

- **「NG物件」とは、権利関係が不明確だったり、違法建築であったりなど、将来にわたりリスクがつきまとう、始めから検討すべきでない物件である。**
- **不動産業界には残念ながら悪意で動く業者もいる。騙されないように細心の注意を払うべきである。**

第9章

コスパ最優先の管理技術

01

収益の最大化を追求する

▼1円でも多くコストを抑え、1円でも多く収益をあげる

物件を購入した後、入居者募集や空き室対策、物件の管理を管理会社にまかせっきりにして、言われるがままにリフォームに多額のお金をかけたり、家賃を下げてしまうという投資家が意外にたくさんいます。

もちろん管理会社は不動産経営において大切なパートナーです。しかし、本書で何度も強調しているとおり、自分で何も考えずに管理会社の言いなりでは経営者とは言えません。管理会社も最後は自分たちの利益のために動いているのであり、投資家とは利益相反の関係にあることを再度肝に銘じてください。

「１円でも多くコストを抑え、１円でも多く収益をあげる」。セミプロ投資家を目指すのであれば、あくまでも収益アップにつながる管理運営を念頭に置きましょう。

▼高額リフォームは低リターン

空室が出ると、管理会社はよく「部屋を綺麗にして競争力を上げましょう」などとさかんにリフォームやリノベーションを持ちかけます。

しかし、リフォームやリノベーションは、とにかくコスパ（費用対効果）重視で、最低限で行うことを考えるべきです。

たとえばリフォームに１００万円かけたとします。その費用を回収するために家賃を１万円上げたとしても１００カ月（約10年！）かかります。そして、部屋の外観や内装を綺麗にしたから家賃を１万円上げられるかというと、現実にはそれは難しいと言えるでしょう。

なぜなら入居者にとって最も大事なことは、やはり家賃だからです。とくに１Ｒ（ワンルーム）や１Ｋ（ワンキッチン）の部屋に住むような人たちは価格に敏感で少しでも家賃の安い物件を探します。したがって、多額のコストをかけて部屋を必要以上に綺麗にするよりも、フリーレント（家賃無料期間）を2カ月つけたほうがよほど早く部屋は埋まります。

住宅雑誌などではハイセンスなデザイナーズハウスの写真が掲載されていて最近の入居者はオシャレな物件に住みたがっているような印象がありますが、現実には賃貸で部屋を借りる人のほとんどはそのようなものを求めていません。デザインなどに色々凝るような人は、高級賃貸や分譲を買う層ですので、我々が普段目にしている投資物件の入居者とは違うのです。

これが地方の物件である場合なら、それなりのリフォームをしなければ、興味を持たれないという面はあります。しかし、都市部や首都圏であれば、様々な賃貸の需要があり、他の物件との競争も激しいので、よほどの問題物件でないかぎり、豪華なリフォームをしなければ借り手がつかないということはありません。

また管理会社がリフォームやリノベーションを勧めるのには、リフォーム業者やリノベーション業者と結託して間の差益を抜きたいという事情もあります。あまりに執拗だったら業者として要注意です。

▼ネット時代の集客戦略

空き室が出た場合、インターネット上に空室情報を出します。今はインターネットで部屋を探す人がほとんどですので、なるべく多くの人の目に触れることができるように、検索の条件で一つでも工夫が要ります。

たとえば、ペットについて、実際にはオーナーとして飼ってほしくない場合であっても、ネット上の情報では「可」にしておきましょう。今はペットを飼っていなくても将来的に飼いたいと漠然と思っている人はかなりいます。そういう人を検索で取り逃さないために「ペット可」としておくのです。しかし、実際にはペットを飼っている人というのは10人に1人くらいです。そして、管理契約を「ペットで部屋を汚したら罰金いくら」「ペットを飼う場合は敷金3カ月」などと厳しくしておけば、実際に飼う人はかなり少なくなります。

空室情報を載せるポータルサイトはどこも、チェックボックスで条件を絞り込んでいく形になります。ここであまりに条件を絞ってしまうと、誰の検索にも引っかからないようになってしまいます。それは得策ではないので、検索の条件はなるべく多くの人の目に触れることを優先し、実際の契約で絞り込むようにしましょう。

▼家賃値下げは100倍の損！

基本的に家賃を下げてはいけません。管理会社は「空室を10カ月作るよりも、家賃を1万円下げたほうがプラス」などと言いますが、将来売るときのことを考えた場合、家賃を下げることは売値が大幅に下がるインパクトを持ちます。

具体的に説明してみましょう。

「構造　RC4階建て、戸数　1DK×20戸、家賃　6万円／戸、年間家賃収入　1440万円、物件購入価格　1億4400万円、表面利回り　10％」

このような物件を購入して、5年間運用したとします。毎月の家賃を5000円下げると、単純に「5000円×20戸×12カ月×5年間＝600万円」キャッシュフローが減ることになります。

これだけではありません。売却時にはもっとひどいことになってしまいます。

不動産の売買相場が同じだとして、表面利回り10％で売却すると、どうなるでしょうか。

「家賃　５・５万円／戸、年間家賃収入　１３２０万円、物件購入価格　１億３２００万円、表面利回り　10％」

いかがですか。家賃６万円をキープできていたら１億４４００万円で売れたはずが、家賃を５０００円下げた５・５万円では１億３２００万円でしか売れなくなり、マイナス１２００万円となります。全体で月額10万円の家賃の値下げが、１２０倍の損失になってしまいました。

つまり、キャッシュフローの６００万円ダウンと合わせると、なんとマイナス１８００万円になってしまいます。たった５０００円家賃を下げただけで、売却時のトータルの収益にこれほどの大差がつくのです。ですので、安易な家賃の値下げは回避しなければなりません。

もちろん、昔からの入居者など、相場よりも高い部屋は相場に引き直す必要はありますが、それは購入時にわかっていたことなので、シミュレーションは相場に引き直して作成します。

このように、１円でも多く収入を得ようと考えたら、家賃を下げてでも空室を埋めてしまおうという発想になるのは理解できるのですが、たとえその瞬間は収入が入ったとしても、売るときにこのように売値が大幅に下がってしまうため、先々を考えて家賃設定をする必要があります。

しかし、そうはいっても結果的に入居者が決まらない場合もあります。物件を何棟か持っている人ならともかく、1棟や2棟しか持っていない人は焦りが募ることでしょう。その意味では、根競べという面もあります。家賃を下げて一次的な収入を得るか、資産価値を守るために我慢するか、他の策を練るか、まさに経営判断と言えましょう。

また、家賃は一度下げてしまうと、現在の入居者がいる間は上げることができませんし、周辺の物件の相場観というものができ上がってしまいますので、値上げがしにくくなります。そのほか、管理会社の営業マンが家賃の値下げを提案するのも、単純にそのほうが埋めやすいという自社の論理に基づいているわけです。

以上の理由から、家賃は基本下げないことを考えましょう。むしろ、前述したようにフリーレントをつけたり、家具やエアコンなどの電気器具をつけるなど、家賃を上げるための方策を考えるべきです。

▼ハードではなくソフトで満室！

ここまでお話したように、リフォームにお金をかけたり、家賃を下げるよりも、管理会社の営業マンを味方につけて動かした方が圧倒的に早く部屋が埋まるというのが私の持論です。つまり、ハード（建物・家賃）ではなく、ソフト（人）で、満室経営を実現しましょうということです。

たとえば、空室が埋まった場合、普通は家賃の1～2カ月分を手数料として管理会社に支払います。しかし、私の場合、なかなか入居がつかない部屋があったときなどは、仕切りで家賃6カ月分を管理会社の営業マンの自由にやらせることがあります。要するに、自力で決めて6カ月分の報酬を受け取るか、またはその営業マンが入居者を決めるために家電サービスとして2カ月分使い、残りの4カ月分の報酬を受け取るかなど、営業マンがやりやすいようにさせるのです。ただし、家賃は下げないのが条件です。営業マンも自分の成績を上げるために「何とか決めたい」と本気になって、その部屋を優先的に案内して入居者を探してくれます。

もちろん、これは一つの例ですが、結局入居者を決めてくるのは営業マンですので、その営業マンをこちら側に向かせ、優先的に自分の物件を決めてくれるよう仕向けるのです。賃貸物件はよほどのものでない限り、特徴に差はつきません。正直どれも似たり寄ったりです。そのため、ハードを良くするより、営業マンを味方につけることが重要なのです。

そのためには〝できる〟営業マンの見極めが必要です。私は管理会社を決める際はまずその営業マンと話をさせてもらいます。そのとき、次の質問に答えられない営業マンは失格です。

・立地の人気／不人気を答えられない
・間取りや設備に対して「決まる家賃」を断言できない
・空室が埋まらない理由ばかり列挙する
・家賃の値下げを提案する

いくら部屋を綺麗にしても、営業マンが本気になって営業してくれなければ、空き室は解消しません。結局、リーシングは営業マン次第なのです。

▼空きスペースを使い倒す！

空き室を解消する以外に、物件の収益力をアップするための方法としては駐車場やトランクルームなど様々ありますが、狭いスペースでも可能なものに自動販売機やバイクパークの設置があります。

自動販売機は、業者に機械を設置してもらい商品の補充から代金回収まですべて依頼するケースと、機械をオーナーが自腹で購入して運営管理も自分で行うケースがあります。実入りがいいのは当然後者です。月々の収入は５０００円から２万円程度ですが、物件を売却する際の利回りで見れば、５０００円でも50万円、２万円だと２００万円、物件価値が上がるということになります。

最近流行のバイクパークは、本当に狭いスペースでも1台から設置することが可能です。1台について月々６０００円から1万円程度収入を増やすことができます。管理会社もこのような小さな案件だとなかなか動いてくれないことがありますので、自分でバイクパークのサービスをやっている会社に営業をかけてみましょう。

POINT

- 物件の管理運営は管理会社の提案を鵜呑みにして、安易にリフォームや家賃値下げの話に乗ってはいけない。
- 入居づけはハードではなくソフトで勝負、賃貸営業マンを味方につけよう。

02 管理の主導権を取れ！

▼管理会社の選び方

いわゆる不動産の管理会社は、物件の設備や入居者の管理をメインに行う管理会社と、入居者募集をメインに行う仲介会社の２つがあります。両方の機能を兼ねている会社もありますが、基本的には別と考えて良いでしょう。

管理会社は、オーナーから直接依頼されて、その物件の設備のメンテナンスや清掃の手配をしたり、家賃の入出金や滞納者への督促などを行います。一方、仲介会社は、文字どおりオーナーと入居希望者の仲介を行います。入居希望者の条件に見合った物件を探しだし、契約の際は入居者の代わりにオーナーと交渉します。駅前でよく見かける路面店のことです。

実際の募集業務はこの仲介会社の店舗が行うので、オーナーとしてはこの仲介会社をうまく動かせる管理会社とつきあうのが最も理想的です。というのも、管理会社は複数の仲介会社を使えるので、それだけ多くの入居希望者に紹介してもらえるからです。

逆に、どこの駅にも路面店を出しているような大手仲介会社に管理を依頼してしまうと、そこの系列以外の仲介会社は入居者募集をできないなどの制約が多いため、競争原理が働かなくなり、入居付けに苦戦することがしばしば見受けられます。

また、仲介業務をメインとする会社に管理業務を頼むと、管理業務が必ずしも得意ではないこともあり、不便なことがいろいろ発生します。

管理会社を変えるには、入居者全員に通知をしなければならないという煩雑さがあります。しかし、管理会社を変えただけで空室改善が大幅に進むということもあるので、仲介会社の店舗にそれとなく聞いたりして、どの管理会社が良いのかについての情報を仕入れておくようにしましょう。

管理会社も必死なので、別の業者に変えたいと強気の姿勢を示せば、1年間は今空いている部屋が満室になるまで空室保証するとか、管理費を5%から3%に下げるから継続してほしいなどと言われることもあるくらいです。

▼適正価格を把握せよ！

仮に部屋のリニューアルをすることになっても、管理会社の見積もりをそのまま受け入れてはいけません。管理会社はリフォーム業者の見積もりに自社の利益を乗せて請求してきます。これが手間賃程度の利益であれば目をつむるところですが、オーナーが自分で発注すると、コストが半分くらいに下がることもあるため要注意です。

サラリーマンの場合、平日は仕事をしている関係で、リフォーム業者への問い合わせや値段交渉などはちょっと難しいと思うかもしれません。しかし、昼休みなどの空き時間を利用するとか、夜の時間に自宅でＦＡＸを流したりメールを打つなどすれば、やれないことはありません。実際、時間をうまく利用して業者に見積もりをとり発注を行うなどして、コストを大幅に下げて成功している個人投資家はたくさんいます。

そして、この自分で直接見積もりをとり発注をかけることのメリットは、もちろん工事費の削減もありますが、管理会社との交渉を有利に運ぶ意味でも有効です。

自分で様々な業者と直接やり取りをすることで、ものの相場がわかるようになります。その結果、管理会社が出す見積もりがいかに高いかを見抜けるようになり、管理会社からなめられないようになります。

あまり細かく重箱の隅をつつくような態度で接すれば、さすがに管理会社との関係も悪くなりますが、工事費用などをある程度把握し、その上で上手に管理会社とつきあっていくことが、セミプロ投資家として必要なことなのです。

▼管理会社は工事で稼ぐ

管理会社にとって最も都合のいいオーナーは、何も言わない人です。大抵の管理会社は、業者の工事費に少しずつ上乗せして請求したり、更新の際に手数料を取るなどして、オーナーには見えないように利益を抜こうとします。

たとえば、鍵の交換費として2万円から3万円の請求があった場合、鍵そのものの費用は数千円であり、あとは手数料なのです。しかも、実際には業者に発注などせず、若い営業マンがついでに交換できるくらいの軽作業ですので、その利益率を考えるとあこぎな商売と言えます。このような、あまり気にならないような少額のところでも、家賃5万円程度の物件の場合は看過できる金額ではなく、運営上も徐々にダメージが広がっていくこととなります。

そのため、管理会社から何か費用がかかることを提案されたら、まずは一度「高い」と言ってみることも一つの手かもしれません。場合によっては料金が大幅に安くなることもあるからです。

もっとも、管理会社にもある程度儲けさせてあげないと肝心の管理業務に支障が出ることが考えられます。したがって、管理会社から見積もりが来たら、自分で業者に問い合わせて原価はいくらくらいなのかを知っておいた上で、金額的に折り合いをつけるというのがよいでしょう。

▼提案を鵜呑みにするな！

空室が出た場合の募集対策として、管理会社から様々な提案が来ますが、これも鵜呑みにするのではなく、経営者としてよく考えることが重要です。

たとえば、敷金と礼金をゼロにする、いわゆる「ゼロゼロキャンペーン」は入居者にとっては非常に訴求力のある施策です。しかし、最初からこれを売りにする必要はありません。

敷金も礼金もしっかり取りましょう。特に敷金は先に貰っておかないと、退去時に入居者は追加で支払うことを嫌うため、支払いを拒んだり、音信不通になったりなど、揉める可能性も高まります。

また、インターネットやケーブルテレビ無料というのも、今ではある意味で当たり前すぎて、募集の強力な決め手にはなりません。特にファミリー層向けではなく、若い世代向けの物件であれば、最近はパソコンを持たずにスマホですべて済ませている若者が多く、入居者の個別契約にしてしまった方が良いでしょう。

POINT

- 管理会社と仲介会社双方のしくみを理解して、自分にもっともメリットのある業者とつきあう。
- 管理会社の出す見積もりや提案をそのまま鵜呑みにする必要はない。工事や運営内容、かけるコストも自分で考えて決めることが重要である。

おわりに

▼「お客様」から「経営者」へなれば不動産は面白くなる

最後までお読みいただきありがとうございました。

本書を読み終え、どう感じられたでしょうか。

成功する人と失敗する人の違い、成功するための方法と実践への活かし方、不動産投資の基本的な正攻法をご理解いただけたら幸いです。

本文で繰り返し説明していますが、不動産投資とは単なる投資ではなく、事業です。事業を開始するには覚悟が必要です。みなさまは経営者となるのです。事業計画を作成し、銀行から借り入れをし、オーナーとしてサービスを提供し、トラブルを解決し、管理会社と取引をし、工事の依頼をし……、これをただの投資と呼ぶのは少し違うと思います。プロの不動産業者とやっていることは完全に同じなのです。

ということは、みなさまは我々不動産業者と同じ土俵に立ち、戦わなくてはいけないのです。受け身ではいけません。人任せにせず、自分がお客様であるという妄想を捨て、事業として真剣に取り組む。もちろん、その道中は楽ではなく、時間や労力はかかり、トラブルもあるかと思います。しかし、真剣に取り組めば結果は必ずついてきます。

生意気に聞こえるかもしれませんが、すべて無料で何もせずに楽をして稼ぐ、そのような妄想は捨ててください。裏技を期待しないでください。「お客様」のままでは勝てないのです。ＢtoＣからＢtoＢへとマインドを変化させてください。

起業家として、経営者として、プロとしてビジネスを行う覚悟を持ち、その苦難を乗り越え、勝つことができたとき、「不動産事業をやっていてよかった。ビジネスって面白い」と感じていただけると思います。

▼本当に稼ぐのは、〝物件〟ではなく、〝人〟

また、本書では不動産投資における最も重要な項目を優先的にお伝えしましたが、結局のところ、稼ぐ力は〝物件〟ではなく、〝人〟であることをご理解いただけたかと思います。

不動産事業を行っていると、物件や資産、数字にこだわりがちになってしまうのですが、最も稼ぐ力を持っているのは、「物件」でも「金」でもなく、「人＝あなた」なのです。

あなたの価値判断や運営能力は他人にまねをすることができず、それが独自のビジネスとなっていきます。巷では「○○投資法」「○○投資術」など、先駆者の成功体験に基づく手法が宣伝されていますが、その人たちも最初は独自で苦労を重ね、その結果編み出した技です。

誰が見ても良い物件、安い物件など、一般の市場には出てきません。また、成功者はそういった「良い物件」を買えたから成功したのではありません。自身の感性により普通の物件を良い物件にし、自身の努力によりうまく運営したのです。

不動産は「一物多価」などと言われています。これは、一つの物件でも見方を変えれば複数の価格がつけられることからそう言われています。たとえば、アパートを見る際に、単純に利回りで見るか、もしくは解体して土地で見るか、リノベーションを施して利回りまたは転売で見るかなど、複数の価値判断ができるのです。そして、その判断をするのは人です。

これこそが最大のポイントとなります。

本書では厳しいことを申し上げてきましたが、無責任な目先の甘い言葉などは言いたくありません。不動産のプロとして、業界全体に一石を投じる覚悟を持ち、ご縁があったみなさまが長期的に自立をしたプロの不動産投資家になっていただくことを目的とし、このたびは執筆に挑戦させていただきました。

不動産投資の成功者が増え、私たちの将来のビジネスパートナーが一人でも多く誕生していただくことを心から願い、結びとさせていただきます。

村上俊介

【著者紹介】

村上俊介（むらかみ・しゅんすけ）

株式会社コン・パス 代表取締役
学生時代にバックパッカーで海外を回り、日本人に「心の豊かさ」が足りないことを痛感。大学を首席で卒業後、不動産業界ひとすじ13年のキャリアを歩む。分譲マンション開発、住宅ローン破産者の債務整理、投資用1棟マンション販売を手掛け、サラリーマン時代は常にトップセールス。2014年に独立して株式会社コン・パスを設立、代表取締役に就任。不動産と資産運用のエキスパートとして、経営者・ビジネスマンへ収益不動産を中心とする長期的な資産形成をサポートしている。2016年より個人投資家向けにプロのノウハウを伝授する「不動産起業塾」を開講。綿密なシミュレーションに基づいた本質的な不動産で稼ぐ仕組みを解説、現役の業者しか知らない業界の最新動向を惜しみなく提供している。個人の状況に適した事業戦略の提言、投資判断の的確な助言、管理運営の効果的な指導が好評を呼び、高額の受講料にもかかわらず、不動産で本格的に稼ぎたい投資家からの入塾申し込みが殺到している。宅地建物取引士、公認不動産コンサルティングマスター。

株式会社コン・パス

http://www.con-pas.co.jp

＊本書に記載した情報や意見によって読者に発生した損害や損失については、
著者、発行者、発行所は一切責任を負いません。投資における最終決定は
ご自身の判断で行ってください。

首都圏で資産を築く！
王道の不動産投資

2016年12月5日　初版発行

著　者　村上俊介
発行者　野村直克
発行所　総合法令出版株式会社
〒103-0001　東京都中央区日本橋小伝馬町15-18
ユニゾ小伝馬町ビル9階
電話 03-5623-5121

印刷・製本　中央精版印刷株式会社

落丁・乱丁本はお取替えいたします。

ISBN 978-4-86280-533-1
総合法令出版ホームページ　http://www.horei.com/